To.

너는 나의

기쁨이요 자랑이란다.

From.하나님

어린이 사복음서 한 달 쓰기

엮은이 ㅣ 두란노 편집부
초판 발행 ㅣ 2022. 6. 29
등록번호 ㅣ 제1988-000080호
등록된 곳 ㅣ 서울특별시 용산구 서빙고로65길 38
발행처 ㅣ 사단법인 두란노서원
영업부 ㅣ 2078-3352   FAX ㅣ 080-749-3705
출판부 ㅣ 2078-3331

책값은 뒤표지에 있습니다.
ISBN 978-89-531-4252-7   04230
     978-89-531-3859-9(세트)

독자의 의견을 기다립니다.
tpress@duranno.com   www.duranno.com

《어린이 사복음서 한 달 쓰기》에 쓰인 성경 구절의 한글 번역본은 개역개정,
영어 번역본은 New Living Translation(NLT)입니다.

본서에 사용한 「성경전서 개역개정판(사복음서)」에 대한 저작권은
재단법인 대한성서공회 소유이며 재단법인 대한성서공회의 허락을 받고 사용하였습니다.

두란노서원은 바울 사도가 3차 전도여행 때 에베소에서 성령 받은 제자들을 따로 세워 하나님의 말씀으로 양육하던 장소입니다. 사도행전 19장
8-20절의 정신에 따라 첫째 목회자를 돕는 사역과 평신도를 훈련시키는 사역, 둘째 세계선교(TIM)와 문서선교 (단행본·잡지) 사역, 셋째 예수문화 및
경배와 찬양 사역, 그리고 가정·상담 사역 등을 감당하고 있습니다. 1980년 12월 22일에 창립된 두란노서원은 주님 오실 때까지 이 사역들을 계
속할 것입니다.

66 어린이

사복음서 한 달 쓰기

예수님의 생애와 구속 이야기에 초점을 둔 31개 구절

두란노

목차

어린 시절부터 예수님에 관한 지식을 쌓는 일은 매우 중요합니다. 특히 9세 이상의 초등학생은 가치관과 세계관을 정립하는 시기에 있습니다.

이 책은 예수님의 탄생부터 죽으심과 부활 이야기까지 들려주는 사복음서(마태복음, 마가복음, 누가복음, 요한복음)에서 핵심 구절만 뽑아 하나님의 구원 계획을 한눈에 꿰뚫어 볼 수 있도록 구성했습니다. 우리를 너무나 사랑하시는 구원자 예수님에 관한 말씀을 읽고 따라 쓰는 동안 믿음과 지혜가 마음에 함께 새겨질 것입니다.

따라 쓰기의 유익은 많은 사람이 잘 알고 있습니다. 인터넷과 SNS를 통해 엄청난 정보를 접하고 있는 이 시대에 그 위력이 더욱 부각되고 있습니다. 그런데 세상의 그 어떤 지식을 따라 쓰는 것보다 하나님의 말씀을 따라 쓰는 것에는 문장력, 사고력, 집중력, 창의력의 향상은 물론 그 자체로 비교할 수 없는 힘이 있습니다. 말씀이 곧 능력이기 때문입니다.

매일 쓰기가 힘들다면 방학이나 주말을 이용해 가족이 함께 사복음서 필사에 도전해 보십시오. 행복한 추억과 소중한 시간을 선물 받게 될 것입니다.

노희태 목사
• 온누리교회 차세대 본부장, 《sena》 편집장

성경의 모든 이야기에는 하나님의 사랑이 흐르고 있어요. 그 사랑의 결정체가 바로 예수님이에요. 태초에 아담과 하와가 선악과를 먹음으로써 죽음의 저주가 우리에게 내려졌지만, 바로 그때부터 하나님은 우리를 구원할 계획을 세우셨어요. 절대 변하지 않을 약속이었죠. 그리고 다윗의 후손인 예수 그리스도를 통해 그 약속을 이루셨어요. 예수 그리스도는 성경 66권 모두에서 찾아볼 수 있는데, 특히 신약성경의 마태복음, 마가복음, 누가복음, 요한복음은 예수님의 생애를 기록한 말씀이에요. 이 네 권의 복음서를 〈사복음서〉라고 불러요. 사복음서는 예수님을 하나님의 아들, 인자(사람의 아들), 유대인의 왕, 주의 종 등으로 묘사하고 있어요. 맞아요. 예수님은 영원 전부터 성부 하나님과 함께 계셨고, 성령님과 함께 세상을 창조하신 하나님이에요. 그러면서 동시에 이 땅에서 우리와 함께 울고 웃으며 땀 흘리고 고통을 겪으신 완전한 사람이기도 하셨어요.

예수님은 서른 살이 될 때까지 요셉과 마리아의 사랑스러운 아들로 자라셨고, 이후 3년 동안 하나님의 아들로서 구원의 약속을 지켜 나가셨어요. 십자가에 달려 돌아가시기까지 지치고 힘든 아픈 영혼들을 온 힘을 다해 돌보셨어요. 제자들과 함께 여러 마을을 두루 다니며 가능한 한 많은 사람에게 복음을 전하고 영생에 대해 알려 주고자 애쓰셨어요. 수많은 만남과 사건 속에서 치유와 기적과 구원의 역사가 일어났지요. 사람이 살면서 경험하는 가장 기쁘고 큰 기적은 예수님을 '나의 구주'로 믿고 '내 삶의 주인'으로 받아들이는 거예요.

《어린이 사복음서 한 달 쓰기》는 사복음서에 나오는 예수님의 생애와 주요 사역을 뽑아 엮은 책이에요. 31일 동안 하루에 한 편씩 3~6개 구절을 읽고 쓰면서 주요 말씀을 외울 수 있도록 구성했어요. 읽고 쓰고 외우는 과정을 통해 예수님이 어떤 분이신지를 배우고, 하나님의 깊은 사랑을 깨달아 예수님과 평생 동행하는 삶을 살게 되기를 바라요.

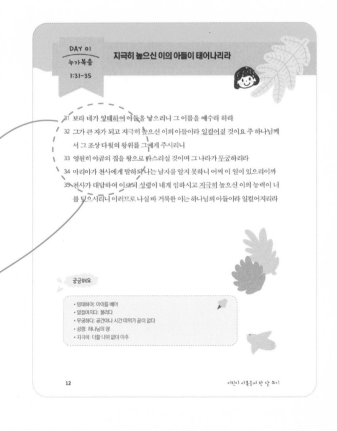

암송할 구절

'따라 쓰기' 하는 구절 중에서 외울 말씀을 다른 색으로 표시했어요.

성경 본문

해당 날짜에 '따라 쓰기' 할 성경 구절이에요. 하루 3~6개 구절씩 쓰세요.

DAY 01
누가복음
1:31-35

지극히 높으신 이의 아들이 태어나리라

31 보라 네가 잉태하여 아들을 낳으리니 그 이름을 예수라 하라
32 그가 큰 자가 되고 지극히 높으신 이의 아들이라 일컬어질 것이요 주 하나님께서 그 조상 다윗의 왕위를 그에게 주시리니
33 영원히 야곱의 집을 왕으로 다스리실 것이며 그 나라가 무궁하리라
34 마리아가 천사에게 말하되 나는 남자를 알지 못하니 어찌 이 일이 있으리이까
35 천사가 대답하여 이르되 성령이 네게 임하시고 지극히 높으신 이의 능력이 너를 덮으시리니 이러므로 나실 바 거룩한 이는 하나님의 아들이라 일컬어지리라

궁금해요

· 잉태하다: 아이를 배어
· 일컬어지다: 불리다
· 무궁하다: 공간이나 시간 따위가 끝이 없다
· 성령: 하나님의 영
· 지극히: 더할 나위 없이 아주

12

말씀 따라 쓰기

성경 본문을 먼저 읽고
나서 한 글자씩 따라
쓰세요.

칭찬 스티커

해당 날짜 본문의 쓰기
와 외우기 등을 마친
후 부록에 있는 '칭찬
스티커'를 붙이세요.

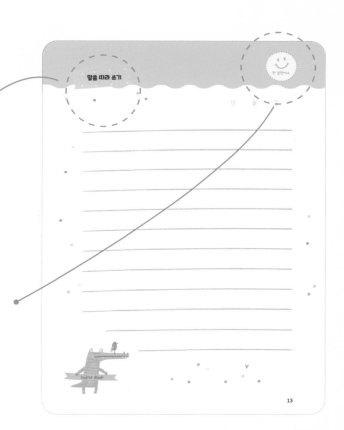

말씀 배경 알아보기

오늘 따라 쓴 본문에
관한 간단한 설명을
살펴보세요.

영어로 익히기

암송 구절을 영어로 쓰
인 구절과 함께 읽으며
익혀 보세요.

따라 쓰면서 외우기

암송 구절을 예쁜 글씨
체로 따라 쓰면서 외울
수 있어요.

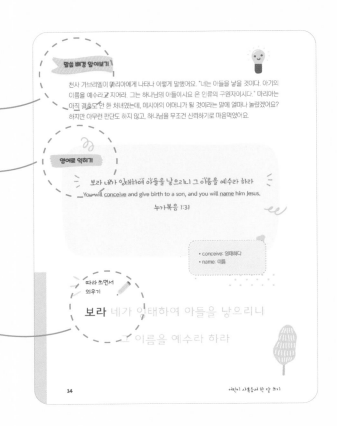

천사 가브리엘이 마리아에게 나타나 이렇게 말했어요. "너는 아들을 낳을 것이다. 아기의
이름을 예수라고 지어라. 그는 하나님의 아들이시요 온 인류의 구원자이시다." 마리아는
아직 결혼도 안 한 처녀였는데, 메시아의 어머니가 될 것이라는 말에 얼마나 놀랐겠어요?
하지만 아무런 판단도 하지 않고, 하나님을 무조건 신뢰하기로 마음먹었어요.

영어로 익히기

보라 내가 잉태하여 아들을 낳으리니 그 이름을 예수라 하라
You will conceive and give birth to a son, and you will name him Jesus.

누가복음 1:31

- conceive: 잉태하다
- name: 이름

따라 쓰면서 외우기

보라 네가 잉태하여 아들을 낳으리니
그 이름을 예수라 하라

14

어린이 사복음서 한 달 쓰기

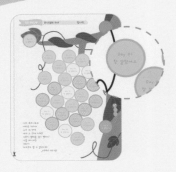

칭찬 포도나무

'쓰기와 외우기'를 하고 나면, 부록
에 있는 칭찬 포도나무에 스티커
를 붙여 주세요..

10

어린이 사복음서 한 달 쓰기

할 수 있다! 외워서 써 보기

점점 어려워진다고요? 인생은 도전이에요! 이번엔 보지 않고, 외워서 써 보세요. 생각보다 잘 외우고 있을걸요!

말씀 익히기

다양한 퀴즈를 풀면서 오늘 따라 쓴 말씀을 다시 한 번 마음에 새겨 보세요.

기도하기

말씀을 따라 쓰고, 외우고 난 뒤에는 기도로 마무리해요. 기도를 따라 하다 보면, 기도하는 법을 배우게 된답니다.

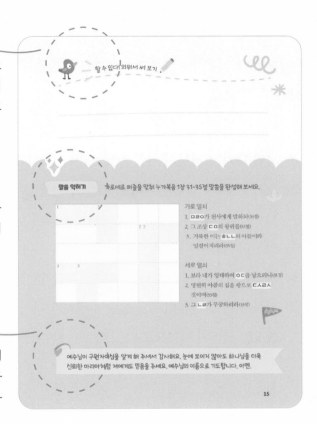

할수있다! 외워서 써 보기 ✏️

말씀 익히기   가로세로 퍼즐을 맞춰 누가복음 1장 31-35절 말씀을 완성해 보세요.

가로 열쇠
1. ㅁ근ㅇ가 천사에게 말하되(34절)
2. 그 조상 ㄷㅂ의 왕위를(32절)
3. 거룩한 이는 ㅎㄴㄴ의 아들이라 일컬어지리라(35절)

세로 열쇠
1. 보라 네가 잉태하여 ㅇㄷ을 낳으리니(31절)
2. 영원히 야곱의 집을 왕으로 ㄷㅅㄹㅅ 깃이며(33절)
3. ㄱㄴㄹ가 무궁하리라(33절)

예수님이 구원자되심을 알게 해 주셔서 감사해요. 눈에 보이지 않아도 하나님을 더욱 신뢰한 마리아처럼 저에게도 믿음을 주세요. 예수님의 이름으로 기도합니다, 아멘.

15

암송 구절 31개

암송 구절 31개를 예쁜 카드로 만들었어요. 오려서 갖고 다니며 마음에 새겨 보세요.

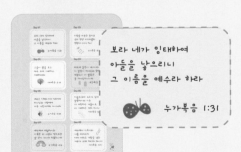

보라 네가 잉태하여 아들을 낳으리니 그 이름을 예수라 하라

누가복음 1:31

지극히 높으신 이의 아들이 태어나리라

31 보라 네가 잉태하여 아들을 낳으리니 그 이름을 예수라 하라

32 그가 큰 자가 되고 지극히 높으신 이의 아들이라 일컬어질 것이요 주 하나님께서 그 조상 다윗의 왕위를 그에게 주시리니

33 영원히 야곱의 집을 왕으로 다스리실 것이며 그 나라가 무궁하리라

34 마리아가 천사에게 말하되 나는 남자를 알지 못하니 어찌 이 일이 있으리이까

35 천사가 대답하여 이르되 성령이 네게 임하시고 지극히 높으신 이의 능력이 너를 덮으시리니 이러므로 나실 바 거룩한 이는 하나님의 아들이라 일컬어지리라

궁금해요

- 잉태하여: 아이를 배어
- 일컬어지다: 불리다
- 무궁하다: 공간이나 시간 따위가 끝이 없다
- 성령: 하나님의 영
- 나실 바: 태어날

어린이 사복음서 한 달 쓰기

년   월   일

bible text

천사 가브리엘이 마리아에게 나타나 이렇게 말했어요. "너는 아들을 낳을 것이다. 아기의 이름을 예수라고 지어라. 그는 하나님의 아들이시요 온 인류의 구원자이시다." 마리아는 아직 결혼도 안 한 처녀였는데, 메시아의 어머니가 될 것이라는 말에 얼마나 놀랐겠어요? 하지만 아무런 판단도 하지 않고, 하나님을 무조건 신뢰하기로 마음먹었어요.

영어로 익히기

보라 네가 잉태하여 아들을 낳으리니 그 이름을 예수라 하라

You will <u>conceive</u> and give birth to a son, and you will <u>name</u> him Jesus.

누가복음 1:31

• conceive: 잉태하다
• name: 이름

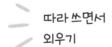

따라 쓰면서
외우기

보라 네가 잉태하여 아들을 낳으리니

그 이름을 예수라 하라

할 수 있다! 외워서 써 보기 ✏️

말씀 익히기   가로세로 퍼즐을 맞춰 누가복음 1장 31-35절 말씀을 완성해 보세요.

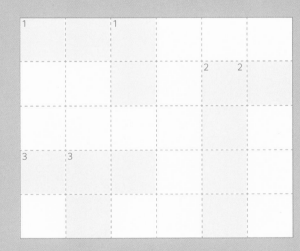

가로 열쇠

1. ㅁㄹㅇ가 천사에게 말하되(34절)

2. 그 조상 ㄷㅇ의 왕위를(32절)

3. 거룩한 이는 ㅎㄴㄴ의 아들이라
   일컬어지리라(35절)

세로 열쇠

1. 보라 네가 잉태하여 ㅇㄷ을 낳으리니(31절)

2. 영원히 야곱의 집을 왕으로 ㄷㅅㄹㅅ
   것이며(33절)

3. 그 ㄴㄹ가 무궁하리라(33절)

예수님이 구원자이심을 알게 해 주셔서 감사해요. 눈에 보이지 않아도 하나님을 더욱
신뢰한 마리아처럼 저에게도 믿음을 주세요. 예수님의 이름으로 기도합니다. 아멘.

예언대로 예수님이 태어나셨어요

11 오늘 다윗의 동네에 너희를 위하여 구주가 나셨으니 곧 그리스도 주시니라

12 너희가 가서 강보에 싸여 구유에 뉘어 있는 아기를 보리니 이것이 너희에게 표

   적이니라 하더니

31 이는 만민 앞에 예비하신 것이요

32 **이방을 비추는 빛이요 주의 백성 이스라엘의 영광이니이다 하니**

궁금해요

> • 구주: 온 인류를 죄악과 죽음에서 구원하시는 하나님, 예수 그리스도
> • 강보: 어린아이의 작은 이불, 포대기
> • 표적: 하나님의 특별한 뜻이 담긴 놀라운 일
> • 만민: 모든 백성
> • 이방: 하나님이 선택하신 이스라엘 민족을 뺀 나머지 모든 민족

년   월   일

bible text

말씀 배경 알아보기

소식을 전하는 천사들이 밤중에 목자들에게 나타나 구주가 탄생하시리라는 사실을 전했어요. 목자들은 포대기에 싸여 구유에 누인 아기 예수를 보고 하나님께 영광을 돌렸어요. 하나님 앞에서 의롭고 경건한 사람으로 불리던 시므온이 아기 예수를 품에 안고 하나님을 찬송하며 예수님이야말로 온 세상의 구원자이심을 선포했어요.

영어로 익히기

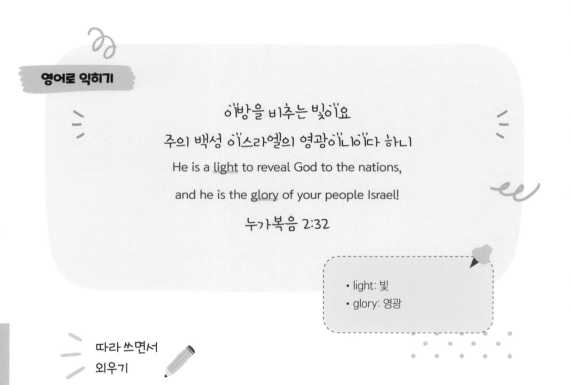

이방을 비추는 빛이요
주의 백성 이스라엘의 영광이니이다 하니

He is a light to reveal God to the nations,
and he is the glory of your people Israel!

누가복음 2:32

• light: 빛
• glory: 영광

따라 쓰면서 외우기

이방을 비추는 빛이요 주의 백성 이스라엘의 영광이니이다 하니

어린이 사복음서 한 달 쓰기

할 수 있다! 외워서 써 보기 ✏️

_____

_____

다음은 본문에 대한 설명이에요.
빈칸에 알맞은 말을 [보기]에서 찾아 써 보세요.

🎵

천사들이 목자들에게 나타나 다윗의 동네에
_____ 가 나셨고 이분은 _____ 라고
했어요. 의롭고 경건한 사람 시므온도 예수님을
이방을 비추는 _____ 이요 이스라엘의
영광이라고 찬송했어요.

보기   빛   구주   그리스도

평범한 목자들에게 기쁜 소식을 알려 주신 하나님, 캄캄한 밤에 반짝이는 별처럼 오
신 예수님을 저도 경배하고 싶어요. 예수님의 이름으로 기도합니다. 아멘.

만왕의 왕으로 오셨어요

2 유대인의 왕으로 나신 이가 어디 계시냐 우리가 동방에서 그의 별을 보고 그에
   게 경배하러 왔노라 하니

9 박사들이 왕의 말을 듣고 갈새 동방에서 보던 그 별이 문득 앞서 인도하여 가다
   가 아기 있는 곳 위에 머물러 서 있는지라

10 그들이 별을 보고 매우 크게 기뻐하고 기뻐하더라

11 집에 들어가 아기와 그의 어머니 마리아가 함께 있는 것을 보고 엎드려 아기께
   경배하고 보배합을 열어 황금과 유향과 몰약을 예물로 드리니라

궁금해요

- 동방: 이스라엘의 동쪽에 있는 나라
- 경배하다: 존경하여 공손히 절하다
- 보배합: 보물을 담아 두는 상자
- 유향: 유향나무의 수액을 말려서 만든 노랗고 투명한 덩어리. 약재나 방부제로 쓰임
- 몰약: 몰약나무의 수액으로 만든 약재로 치료제로 쓰임
- 예물: 예의를 갖추어 주는 기념 선물

어린이 사복음서 한 달 쓰기

년   월   일

bible text

이스라엘에서 먼 동쪽 나라의 지혜로운 박사들이 하늘에 뜬 특별한 별을 보았어요. 그리고 그것이 왕이 태어났다는 징조라는 것을 알았죠. 박사들은 처음에 예루살렘 왕궁을 찾아갔지만, 그곳에 아기가 없다는 걸 알고는 특별한 별을 따라 베들레헴으로 갔어요. 별이 머물러 선 집에서 아기 예수를 만난 박사들은 아기 왕 앞에 무릎을 꿇고 황금과 유향과 몰약을 예물로 드렸어요.

영어로 익히기

그들이 별을 보고 매우 크게 기뻐하고 기뻐하더라
When they saw the star, they were filled with joy!

마태복음 2:10

• star: 별
• joy: 기쁨

따라 쓰면서
외우기

그들이 별을 보고 매우 크게

기뻐하고 기뻐하더라

할 수 있다! 외워서 써 보기 ✏️

_____

_____

말씀 익히기   지혜로운 박사들이 아기 예수님을 보고 경배했어요.
다음 중 동방 박사들이 한 행동 중 맞는 것에는 ○표,
아닌 것에는 ×표를 해 보세요.

☐ 별을 따라 유대인의 왕으로 태어난 아기를 찾아왔어요 2절

☐ 동방 박사들이 별을 보고 크게 기뻐했어요 10절

☐ 아기 예수님께 아무 선물도 준비하지 않았어요 11절

여러 선지자를 통해 예언하고 약속하셨던 만왕의 왕을 우리에게 보내 주셔서 감사해요.
예수님을 항상 제 마음속 왕으로 모시게 해 주세요. 예수님의 이름으로 기도합니다. 아멘.

태초의 말씀이 우리에게 오셨어요

1 태초에 말씀이 계시니라 이 말씀이 하나님과 함께 계셨으니 이 말씀은 곧 하나님이시니라

2 그가 태초에 하나님과 함께 계셨고

3 만물이 그로 말미암아 지은 바 되었으니 지은 것이 하나도 그가 없이는 된 것이 없느니라

14 말씀이 육신이 되어 우리 가운데 거하시매 우리가 그의 영광을 보니 아버지의 독생자의 영광이요 은혜와 진리가 충만하더라

궁금해요

- 태초: 하늘과 땅이 생겨난 맨 처음
- 만물: 세상에 있는 모든 것
- 말미암다: 어떤 현상의 원인이나 이유가 되다
- 육신: 사람의 몸
- 거하다: 일정한 곳에 머물러 살다
- 독생자: 하나님의 외아들, 예수님을 가리킴

말씀 따라 쓰기

참 잘했어요

년 월 일

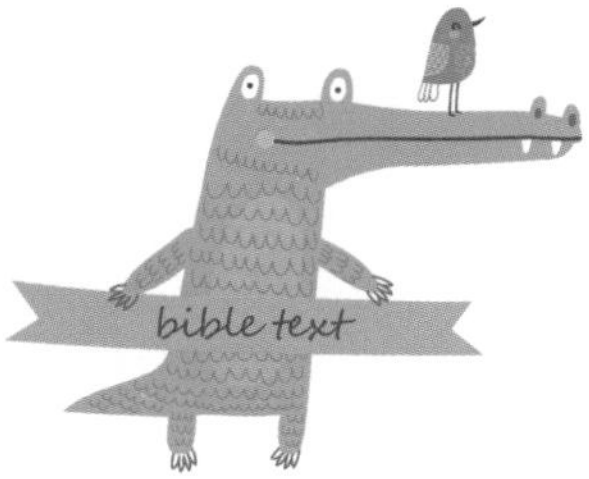

하나님은 말씀으로 이 세상을 창조하셨어요. 세 분 하나님, 즉 하나님 아버지, 예수님, 성령님이 태초부터 함께하셨고, 지금도 사랑으로 교제하고 계셔요. 사도 요한은 예수님을 가리켜 "말씀"이라고 선포했는데, 말씀에는 하나님의 뜻이 담겨 있어요. 하나님과 함께 계시던 말씀이 사람이 되어 이 땅에 오셨는데, 영광과 은혜와 진리가 충만하셨어요.

영어로 익히기

태초에 말씀이 계시니라 이 말씀이 하나님과 함께 계셨으니
이 말씀은 곧 하나님이시니라

In the beginning the Word already existed. The Word was with God,
and the Word was God.

요한복음 1:1

- beginning: 태초
- The Word: 말씀

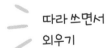

따라 쓰면서
외우기

태초에 말씀이 계시니라 이 말씀이
하나님과 함께 계셨으니 이 말씀은
곧 하나님이시니라

할 수 있다! 외워서 써 보기

_____

_____

말씀 익히기   본문을 읽고 서로 연결되는 말씀을 찾아 선을 그어 보세요.

태초에 말씀이 계시니라 (1절)	우리 가운데 거하시매
말씀이 육신이 되어 (14절)	은혜와 진리가 충만하더라
아버지의 독생자의 영광이요 (14절)	이 말씀은 곧 하나님이시니라

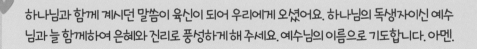

하나님과 함께 계시던 말씀이 육신이 되어 우리에게 오셨어요. 하나님의 독생자이신 예수님과 늘 함께하여 은혜와 진리로 풍성하게 해 주세요. 예수님의 이름으로 기도합니다. 아멘.

지혜롭고 사랑스럽게 자라셨어요

39 주의 율법을 따라 모든 일을 마치고 갈릴리로 돌아가 본 동네 나사렛에 이르니라

40 아기가 자라며 강하여지고 지혜가 충만하며 하나님의 은혜가 그의 위에 있더라

51 예수께서 함께 내려가사 나사렛에 이르러 순종하여 받드시더라 그 어머니는 이 모든 말을 마음에 두니라

52 예수는 지혜와 키가 자라가며 하나님과 사람에게 더욱 사랑스러워 가시더라

궁금해요

- 율법: 하나님이 지키라고 주신 계명
- 충만하다: 한껏 차서 가득하다

참 잘했어요

년   월   일

bible text

열두 살이 된 소년 예수는 아버지 요셉과 어머니 마리아와 함께 나사렛에서 살았어요. 소년 예수는 부모님께 늘 순종하는 아이였어요. 아버지의 목수 일을 돕곤 했는데, 유월절에는 예루살렘 성전에서 어른들과 토론할 만큼 지혜로웠어요. 자라면서 하나님과 사람들에게 더욱 사랑을 받았답니다.

영어로 익히기

예수는 지혜와 키가 자라가며
하나님과 사람에게 더욱 사랑스러워 가시더라

Jesus grew in wisdom and in stature and in favor
with God and all the people.

누가복음 2:52

- wisdom: 지혜
- stature: 키

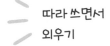

따라 쓰면서
외우기

예수는 지혜와 키가 자라가며 하나님과
사람에게 더욱 사랑스러워 가시더라

할 수 있다! 외워서 써 보기 ✏️

_____

_____

예수님은 자라면서 하나님과 사람에게 더욱 사랑을 받았답니다.
본문에는 예수님의 무엇이 자라면서 사랑을 받았다고 하는지
모두 찾아 ○ 표 하세요(힌트: 52절)

| ① 지혜 | ② 손 | ③ 다리 |
| ④ 은혜 | ⑤ 키 | ⑥ 마음 |

예수님처럼 저도 하나님과 사람들에게 사랑받으며 자라고 싶어요. 하나님의 은혜가 늘
함께하여 날마다 더 지혜로워지도록 축복해 주세요. 예수님의 이름으로 기도합니다. 아멘.

31

세례를 받으실 때 하늘이 열렸어요

13 이때에 예수께서 갈릴리로부터 요단강에 이르러 요한에게 세례를 받으려 하시니

15 예수께서 대답하여 이르시되 이제 허락하라 우리가 이와 같이 하여 모든 의를 이루는 것이 합당하니라 하시니 이에 요한이 허락하는지라

16 예수께서 세례를 받으시고 곧 물에서 올라오실새 하늘이 열리고 하나님의 성령이 비둘기같이 내려 자기 위에 임하심을 보시더니

17 하늘로부터 소리가 있어 말씀하시되 이는 내 사랑하는 아들이요 내 기뻐하는 자라 하시니라

궁금해요

- 세례: 모든 죄악을 씻는 표시로 베푸는 의식
- 합당하다: 어떤 기준에 딱 맞다
- 임하다: 어떤 장소에 도달하다

어린이 사복음서 한 달 쓰기

년   월   일

bible text

어느덧 예수님이 서른 살이 되셨어요. 예수님은 죄가 없으신 분이지만, 세례 요한에게 세례를 받으러 가셨어요. 세례 요한이 깜짝 놀라며 예수님을 말렸지만, 결국 말씀대로 물로 세례를 베풀었어요. 예수님이 물에서 올라오실 때 하늘이 열리고 성령이 비둘기같이 내리더니 하늘로부터 하나님의 목소리가 들려왔어요.

영어로 익히기

하늘로부터 소리가 있어 말씀하시되
이는 내 사랑하는 아들이요 내 기뻐하는 자라 하시니라

And a voice from heaven said, "This is my dearly loved Son,

who brings me great joy.

마태복음 3:17

- heaven: 하늘
- Son: 아들

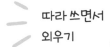
따라 쓰면서
외우기

하늘로부터 소리가 있어 말씀하시되

이는 내 사랑하는 아들이요

내 기뻐하는 자라 하시니라

말씀 익히기

예수님이 세례를 받으시고 물에서 올라오실 때 어떤 일이 벌어졌나요? 빈칸을 채워 보세요(힌트: 16절).

물에서 올라오실새 ☐ ☐ 이 열리고

하나님의 성령이 ☐ ☐ ☐ 같이 내려

저도 예수님처럼 하나님을 기쁘시게 하는, 사랑받는 아들(딸)로서 자라도록 성령님이 늘 돌봐 주시기를 원해요. 예수님의 이름으로 기도합니다. 아멘.

사탄이 다가와 시험했어요

1 예수께서 성령의 충만함을 입어 요단강에서 돌아오사 광야에서 사십 일 동안 성령에게 이끌리시며

2 마귀에게 시험을 받으시더라 이 모든 날에 아무것도 잡수시지 아니하시니 날 수가 다하매 주리신지라

3 마귀가 이르되 네가 만일 하나님의 아들이어든 이 돌들에게 명하여 떡이 되게 하라

4 예수께서 대답하시되 기록된 바 사람이 떡으로만 살 것이 아니라 하였느니라

궁금해요

- 주리다: 제대로 먹지 못해 굶주리다
- 이르다: 말하다

참 잘했어요

년   월   일

bible text

예수님은 세례를 받고 나서 광야로 이끌려 가셨어요. 그곳에서 금식하며 조용히 새로운 삶을 준비하고 계셨는데, 마귀가 다가와 유혹했어요. 예수님에게 "네가 하나님의 아들이라면 이 돌들로 떡덩이가 되게 하라. 또 내게 절하면 모든 권세와 영광을 주겠다"고 말이에요. 하지만 예수님은 사탄이 속삭이는 더러운 거짓말을 물리치고, 하나님을 끝까지 신뢰했어요.

영어로 익히기

예수께서 대답하시되 기록된 바
사람이 떡으로만 살 것이 아니라 하였느니라
But Jesus told him, "No! The Scriptures say,
'People do not live by bread alone.

누가복음 4:4

- Scriptures: 성경
- bread: 빵, 여기서는 '떡'을 가리킴

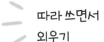

따라 쓰면서
외우기 ✏️

예수께서 대답하시되 기록된 바 사람이 떡으로만 살 것이 아니라 하였느니라

말씀 익히기

마귀가 예수님께 다가와 유혹하자 예수님이 말씀을 인용하며
"사람이 ○○○○ 살 것이 아니라"고 하셨어요.
다음 표에서 동그라미 안에 들어갈 네 개 글자를 찾아보세요(힌트: 4절).

예	성	강	로	이
떡	사	돌	람	십
야	으	수	끌	들
리	요	들	일	모
광	령	단	만	마
시	귀	며	아	든

사탄의 유혹을 물리치신 예수님처럼 저도 날마다 작은 유혹들을 물리치고, 끝까지 하나님만
섬기게 해 주세요. 예수님의 이름으로 기도합니다. 아멘.

제자들을 부르셨어요

16 갈릴리 해변으로 지나가시다가 시몬과 그 형제 안드레가 바다에 그물 던지는 것을 보시니 그들은 어부라

17 예수께서 이르시되 나를 따라오라 내가 너희로 사람을 낚는 어부가 되게 하리라 하시니

18 곧 그물을 버려두고 따르니라

19 조금 더 가시다가 세베대의 아들 야고보와 그 형제 요한을 보시니 그들도 배에 있어 그물을 깁는데

20 곧 부르시니 그 아버지 세베대를 품꾼들과 함께 배에 버려두고 예수를 따라가니라

궁금해요

• 품꾼: 품삯을 받고 남의 일을 하는 사람

말씀 따라 쓰기

년   월   일

광야에서 사탄의 유혹을 이기신 예수님이 드디어 본격적으로 일하기 시작하셨어요. 하나님의 백성이 회개하고 주님께 돌아오도록 인도하는 구원 사역 말이에요. 이를 위해 함께 일할 제자들을 부르기로 하셨어요. 하루는 예수님이 갈릴리 바닷가를 지나다가 시몬과 안드레 어부 형제를 불러 '사람을 낚는 어부'가 되게 하겠다고 초청하셨어요. 그러자 그들이 모든 것을 버려두고 예수님을 따랐어요.

영어로 익히기

예수께서 이르시되 나를 따라오라
내가 너희로 사람을 낚는 어부가 되게 하리라 하시니

Jesus called out to them, "Come, <u>follow me</u>,
and I will show you how to <u>fish</u> for people!

마가복음 1:17

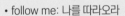

• follow me: 나를 따라오라
• fish: 낚다. 낚시하다

따라 쓰면서
외우기

예수께서 이르시되 나를 따라오라

내가 너희로 사람을 낚는

어부가 되게 하리라 하시니

할 수 있다! 외워서 써 보기 ✏️

말씀 익히기   다음 질문에 알맞은 답을 [보기]에서 찾아 각각 써 보세요.

예수님이 갈릴리 바닷가를 지나다가 처음으로 제자로 부르신 형제들의 직업은 무엇인가요(힌트: 16절)?

예수님이 시몬과 그 형제 안드레를 부르시며 어떤 사람이 될 것이라고 말씀하셨나요(힌트: 17절)?

보기   도자기 만드는 사람   농부   어부   사람을 낚는 어부

"나를 따라오라"는 예수님의 말씀에 주저 없이 따라간 제자들처럼 저도 늘 예수님의 말씀에 순종하는 제자가 되게 해 주세요. 예수님의 이름으로 기도합니다. 아멘.

옷만 만져도 나으리라는 믿음을 보셨어요

43 이에 열두 해를 혈루증으로 앓는 중에 아무에게도 고침을 받지 못하던 여자가

44 예수의 뒤로 와서 그의 옷 가에 손을 대니 혈루증이 즉시 그쳤더라

45 예수께서 이르시되 내게 손을 댄 자가 누구냐 하시니 다 아니라 할 때에 베드로 가 이르되 주여 무리가 밀려들어 미나이다

46 예수께서 이르시되 내게 손을 댄 자가 있도다 이는 내게서 능력이 나간 줄 앎이 로다 하신대

47 여자가 스스로 숨기지 못할 줄 알고 떨며 나아와 엎드리어 그 손댄 이유와 곧 나은 것을 모든 사람 앞에서 말하니

48 예수께서 이르시되 딸아 네 믿음이 너를 구원하였으니 평안히 가라 하시더라

궁금해요

- 혈루증: 한번 피가 나면 멈추지 않고 계속 흐르는 부인병
- 무리: 사람이나 짐승, 사물 등이 모여서 뭉친 집단
- 구원: 인류를 죽음과 고통과 죄악에서 건져 내는 일

년   월   일

12년 동안이나 피 흘리는 병을 앓던 여인이 있었어요. 이 여인은 예수님의 옷을 만지기만 해도 병이 나을 거라고 믿었는데, 정말로 만지는 즉시 병이 나았답니다. "누가 내게 손을 대었느냐?" 하고 예수님이 물으시자 여인이 벌벌 떨면서 나아가 예수님 앞에 엎드렸어요. 예수님은 "네 믿음 덕분에 병이 나았단다"라고 말하며 여인을 위로해 주셨어요.

영어로 익히기

예수께서 이르시되 딸아 네 믿음이 너를 구원하였으니
평안히 가라 하시더라

"Daughter," he said to her,
"your faith has made you well. Go in peace."

누가복음 8:48

- daughter: 딸
- faith: 믿음
- peace: 평안

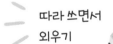

따라 쓰면서
외우기

예수께서 이르시되 딸아 네 믿음이
너를 구원하였으니
평안히 가라 하시더라

할 수 있다! 외워서 써 보기

_____

_____

말씀 익히기 본문에 나오는 여자에 관한 다음 설명 중 틀린 내용은 무엇인가요?

(   )

① 여자는 12년 동안 병을 앓고 있었어요 (43절)

② 여자는 예수님 뒤로 가서 가만히 예수님의 옷을 만졌어요 (44절)

③ 예수님은 자신에게서 능력이 나간 것을 깨닫지 못하셨어요 (46절)

④ 여자는 믿음으로 구원을 얻었어요 (48절)

예수님은 오랫동안 병을 앓으며 남몰래 우는 사람의 심정을 알고, 고쳐 주시는 분이에요.
저도 여인처럼 예수님의 옷을 만지기만 해도 나을 것이라는 믿음을 갖게 해 주세요.
예수님의 이름으로 기도합니다. 아멘.

기도하는 법을 가르쳐 주셨어요

9 그러므로 너희는 이렇게 기도하라 하늘에 계신 우리 아버지여 <u>이름이 거룩히 여김을 받으시오며</u>

10 <u>나라가 임하시오며</u> 뜻이 하늘에서 이루어진 것같이 땅에서도 이루어지이다

11 오늘 우리에게 <u>일용할</u> 양식을 주시옵고

12 우리가 우리에게 죄지은 자를 <u>사하여</u> 준 것같이 우리 죄를 사하여 주시옵고

13 우리를 시험에 들게 하지 마시옵고 다만 악에서 구하시옵소서 (나라와 권세와 영광이 아버지께 영원히 있사옵나이다 아멘)

궁금해요

- 이름이 거룩히 여김을 받으시오며: 주의 이름을 거룩하게 하시며
- 나라가 임하시오며: 주의 나라가 오게 하시며
- 일용하다: 날마다 쓰다
- 양식: 생존을 위해 필요한 사람의 먹을거리
- 사하다: 지은 죄나 허물을 용서하다

년   월   일

어느 날 예수님이 산에서 사람들에게 설교하시다가 기도하는 법을 가르쳐 주셨어요. 겉으로 거룩한 척하지 말고, 하늘에 계신 하나님이 듣고 기뻐하실 만한 기도를 하라고 말씀하셨어요. 이것이 바로 '주기도문'이에요.

영어로 익히기

그러므로 너희는 이렇게 기도하라
하늘에 계신 우리 아버지여 이름이 거룩히 여김을 받으시오며

Pray like this: Our Father in heaven, may your name be kept holy.

마태복음 6:9

• pray: 기도하다
• Father: 하나님 아버지

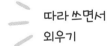
따라 쓰면서
외우기

그러므로 너희는 이렇게 기도하라

하늘에 계신 우리 아버지여

이름이 거룩히 여김을 받으시오며

할 수 있다! 외워서 써 보기 ✏️

말씀 익히기   아래 [보기]에서 알맞은 답을 찾아 빈칸을 채워 보세요.

그러므로 너희는 이렇게 ○○하라
○○에 계신 우리 ○○○여
이름이 거룩히 여김을 받으시오며(마 6:9)

보기   예배   기도   집안   아버지   하늘   성령님

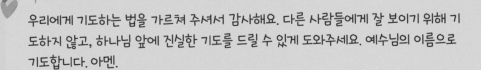

우리에게 기도하는 법을 가르쳐 주셔서 감사해요. 다른 사람들에게 잘 보이기 위해 기도하지 않고, 하나님 앞에 진실한 기도를 드릴 수 있게 도와주세요. 예수님의 이름으로 기도합니다. 아멘.

먼저 주의 나라와 의를 구하라고 하셨어요

31 그러므로 염려하여 이르기를 무엇을 먹을까 무엇을 마실까 무엇을 입을까 하지 말라

32 이는 다 이방인들이 구하는 것이라 너희 하늘 아버지께서 이 모든 것이 너희에게 있어야 할 줄을 아시느니라

33 그런즉 너희는 먼저 그의 나라와 그의 의를 구하라 그리하면 이 모든 것을 너희에게 더하시리라

34 그러므로 내일 일을 위하여 염려하지 말라 내일 일은 내일이 염려할 것이요 한 날의 괴로움은 그날로 족하니라

궁금해요

- 이방인: 이스라엘 민족(유대인)이 아닌 사람
- 그의 나라: 하나님이 다스리시는 나라
- 그의 의: 하나님의 정의
- 족하다: 모자람이 없이 넉넉하다

년　　　월　　　일

예수님이 어디로 가시든지 많은 사람이 예수님을 뒤따라 다녔어요. 그때나 지금이나 사람들은 걱정거리가 많답니다. 예수님은 산에 모인 사람들에게 이렇게 가르치셨어요. "공중의 새와 들에 핀 꽃들을 보아라. 걱정하지 않아도 하나님이 다 먹여 주시지 않느냐. 너희는 새나 꽃보다 더 귀한 존재들이란다!" 매일매일 믿음으로 살면 하나님이 필요한 것을 채워 주실 거예요.

영어로 익히기

그런즉 너희는 먼저 그의 나라와 그의 의를 구하라
그리하면 이 모든 것을 너희에게 더하시리라
Seek the Kingdom of God above all else, and live righteously,
and he will give you everything you need.

마태복음 6:33

• Kingdom: 하나님 나라
• righteously: 의롭게

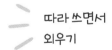

따라 쓰면서
외우기

그런즉 너희는 먼저 그의 나라와

그의 의를 구하라 그리하면

이 모든 것을 너희에게 더하시리라

할 수 있다! 외워서 써 보기 🖊

말씀 익히기　　가로세로 퍼즐을 맞춰 마태복음 6장 31-34절 말씀을 완성해 보세요.

가로 열쇠

1. 무엇을 **ㅇㅇㄲ** 하지 말라(31절)
2. 한 날의 괴로움은 **ㄱㄴ**로 족하니라(34절)
3. 내일 일을 위하여 **ㅇㄹㅎㅈ** 말라(34절)

세로 열쇠

1. **ㅁㅇㅇ** 먹을까 무엇을 마실까(31절)
2. 너희는 먼저 **ㄱㅇㄴㄹ**와 그의 의를(33절)
3. 너희 **ㅎㄴ** 아버지께서(32절)

아무것도 두려워하지 말고, 내일 일을 염려하지 말라고 가르쳐 주셨어요. 하나님이 우리를 얼마나 사랑하시는지를 늘 기억하고, 날마다 믿음으로 살게 해 주세요. 예수님의 이름으로 기도합니다. 아멘.

바람을 꾸짖으셨어요

36 그들이 무리를 떠나 예수를 배에 계신 그대로 모시고 가매 다른 배들도 함께하더니

37 큰 광풍이 일어나며 물결이 배에 부딪쳐 들어와 배에 가득하게 되었더라

38 예수께서는 고물에서 베개를 베고 주무시더니 제자들이 깨우며 이르되 선생님이여 우리가 죽게 된 것을 돌보지 아니하시나이까 하니

39 예수께서 깨어 바람을 꾸짖으시며 바다더러 이르시되 잠잠하라 고요하라 하시니 바람이 그치고 아주 잔잔하여지더라

40 이에 제자들에게 이르시되 어찌하여 이렇게 무서워하느냐 너희가 어찌 믿음이 없느냐 하시니

궁금해요

• 광풍: 미친 듯이 사납게 휘몰아치는 거센 바람
• 고물: 배의 뒷부분

참 잘했어요

년   월   일

하루는 예수님이 바닷가에서 배에 올라 사람들을 종일 가르치시다가 날이 저물자 제자들과 함께 바다를 건너기로 하셨어요. 피곤한 예수님은 배 뒤편에서 잠이 드셨는데, 거센 바람이 불더니 파도가 덮쳐 배에 물이 가득찼어요. 깜짝 놀란 제자들이 예수님을 깨웠어요. 예수님이 일어나서 바람을 꾸짖어 잠잠하게 하시고는 제자들에게 "왜들 무서워하느냐? 아직 나를 믿지 못하는 것이냐?" 하고 물으셨어요.

영어로 익히기

이에 제자들에게 이르시되 어찌하여 이렇게 무서워하느냐
너희가 어찌 믿음이 없느냐 하시니

Then he asked them,
"Why are you afraid? Do you still have no faith?

마가복음 4:40

• afraid: 무서워하는

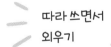
따라 쓰면서
외우기

이에 제자들에게 이르시되
어찌하여 이렇게 무서워하느냐
너희가 어찌 믿음이 없느냐 하시니

말씀·익히기

다음은 본문에 대한 설명이에요.
빈칸에 알맞은 말을 [보기]에서 찾아 써 보세요.

🎵

예수님과 제자들이 탄 배가 바다 한가운데 있을 때,
큰   이 일어 배가 심하게 흔들렸어요.
깜짝 놀란 제자들이 예수님을 깨우자 예수님이
바다에게   고 하셨어요.
그리고 제자들에게 왜 이렇게 무서워하고
         이 없느냐고 물으셨어요.

보기   잠잠하라   믿음   광풍

무섭게 휘몰아치는 바람과 파도를 잠재우시는 예수님이 저와 함께하시면 아무것도 두려울 게 없어요. 어떤 어려움이 와도 이길 수 있는 믿음을 주세요. 예수님의 이름으로 기도합니다. 아멘.

오병이어의 기적을 베푸셨어요

41 예수께서 떡 다섯 개와 물고기 두 마리를 가지사 하늘을 <u>우러러</u> <u>축사하시고</u> 떡을 떼어 제자들에게 주어 사람들에게 나누어 주게 하시고 또 물고기 두 마리도 모든 사람에게 나누시매

42 다 배불리 먹고

43 남은 떡 조각과 물고기를 열두 바구니에 <u>차게</u> 거두었으며

44 떡을 먹은 남자는 오천 명이었더라

 궁금해요

- 우러르다: 위를 향하여 고개를 정중히 쳐들다
- 축사하다: 축복과 감사 기도를 드리다
- 차다: 가득하게 되다

어린이 사복음서 한 달 쓰기

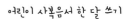

참 잘했어요

년   월   일

예수님의 말씀을 들으러 오천여 명이 모였어요. 저녁때가 되니 배고파하는 사람들이 많았지만, 외딴곳이라 식당이나 가게를 찾아볼 수 없었어요. 그때 어린 소년이 떡 다섯 개와 물고기 두 마리가 담긴 도시락을 예수님께 드렸어요. 예수님은 그 도시락을 들고 하나님께 감사드린 뒤 사람들에게 나눠 주었죠. 놀랍게도 모두 배불리 먹고도 남은 음식이 열두 바구니나 되었답니다.

영어로 익히기

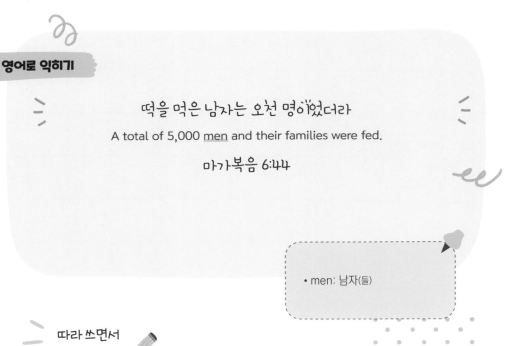

떡을 먹은 남자는 오천 명이었더라

A total of 5,000 men and their families were fed.

마가복음 6:44

• men: 남자(들)

따라 쓰면서
외우기

떡을 먹은 남자는
오천 명이었더라

할 수 있다! 외워서 써 보기 ✏️

말씀 익히기

예수님의 말씀을 들으러 온 오천여 명을 먹이기 위해,
예수님은 어떤 행동을 하셨나요?
다음 중 맞는 것에는 ○표, 아닌 것에는 ×표를 해 보세요.

🎵

□ 떡 두 개와 물고기 다섯 마리를 들고 하나님께 감사 기도를 드리셨
어요 41절

□ 떡과 물고기를 예수님이 사람들에게 직접 나누어 주셨어요 41절

□ 배불리 먹고 남은 떡과 물고기를 바구니에 담게 하셨어요 43절

👆 예수님은 우리를 위해 기적을 베푸시는 분이에요. 아무것도 없는 데서 모든 것을 지으신 하나
님이 우리에게 필요한 모든 것을 채워 주실 것을 믿어요. 예수님의 이름으로 기도합니다. 아멘.

물 위를 걸으셨어요

25 밤 사경에 예수께서 바다 위로 걸어서 제자들에게 오시니

26 제자들이 그가 바다 위로 걸어오심을 보고 놀라 유령이라 하며 무서워하여 소리 지르거늘

27 예수께서 즉시 이르시되 안심하라 나니 두려워하지 말라

28 베드로가 대답하여 이르되 주여 만일 주님이시거든 나를 명하사 물 위로 오라 하소서 하니

29 오라 하시니 베드로가 배에서 내려 물 위로 걸어서 예수께로 가되

궁금해요

- 밤 사경: 밤 시간을 5경으로 나눌 때, 네 번째 부분으로 새벽 1시에서 3시 사이를 가리킴.
- 명하다: 윗사람이 아랫사람에게 무엇을 하게 하다

어린이 사복음서 한 달 쓰기

참 잘했어요

년   월   일

말씀 배경 알아보기

예수님은 제자들을 바다 건너편으로 먼저 보낸 뒤 혼자 산에 올라가 기도하셨어요. 새벽에 제자들이 탄 배가 파도에 출렁거릴 때, 예수님이 물 위를 걸어서 제자들에게 다가가셨어요. 제자들이 유령이라도 본 듯 놀라서 소리를 지르자 예수님이 "두려워하지 말라"고 말씀하셨어요. 베드로도 믿음으로 주님을 따라 물 위를 걸었어요.

영어로 익히기

밤 사경에 예수께서 바다 위로 걸어서 제자들에게 오시니

About three o'clock in the morning
Jesus came toward them walking on the water.

마태복음 14:25

• water: 바다

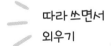

따라 쓰면서
외우기

밤 사경에 예수께서
바다 위로 걸어서 제자들에게 오시니

할 수 있다! 외워서 써 보기

말씀 익히기   본문을 읽고 서로 연결되는 말씀을 찾아 선을 그어 보세요.

예수께서 바다 위로 걸어서 (25절)	나를 명하사 물 위로 오라 하소서
예수께서 즉시 이르시되 안심하라 (27절)	나니 두려워하지 말라
주여 만일 주님이시거든 (28절)	제자들에게 오시니

예수님은 물 위를 걷는 기적을 보여 주셨어요. 어떤 상황에서도 예수님만 바라보며 믿음으로 나아갈 수 있도록 도와주세요. 예수님의 이름으로 기도합니다. 아멘.

67

시각장애인의 눈을 뜨게 하셨어요

5 내가 세상에 있는 동안에는 세상의 빛이로라

6 이 말씀을 하시고 땅에 침을 뱉어 진흙을 이겨 그의 눈에 바르시고

7 이르시되 실로암 못에 가서 씻으라 하시니 (실로암은 번역하면 보냄을 받았
   다는 뜻이라) 이에 가서 씻고 밝은 눈으로 왔더라

8 이웃 사람들과 전에 그가 걸인인 것을 보았던 사람들이 이르되 이는 앉아서 구
   걸하던 자가 아니냐

 궁금해요

- 걸인: 남에게 빌어먹고 사는 사람
- 구걸하다: 돈이나 곡식, 물건 따위를 거저 달라고 빌다

년   월   일

bible text

말씀 배경 알아보기

예수님은 세상의 빛으로 오셔서 사람들에게 구원을 주셔요. 어느 날 예수님과 제자들이 길을 걷다가 태어날 때부터 앞을 보지 못한 시각장애인을 만났어요. 예수님이 땅에 침을 뱉어 진흙을 이긴 뒤 그의 눈에 발라 주셨어요. 그리고 실로암 못에 가서 씻으라고 말씀하셨지요. 그가 말씀대로 하니 눈이 밝아졌답니다.

영어로 익히기

이르시되 실로암 못에 가서 씻으라 하시니 (실로암은 번역하면 보냄을 받았다는 뜻이라) 이에 가서 씻고 밝은 눈으로 왔더라

He told him, "Go <u>wash</u> yourself in the <u>pool</u> of Siloam"(Siloam means "sent"). So the man went and washed and came back seeing!

요한복음 9:7

- wash: 씻다
- pool: 못, 웅덩이

따라 쓰면서
외우기

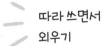

이르시되 실로암 못에 가서 씻으라 하시니

(실로암은 번역하면 보냄을 받았다는 뜻이라)

이에 가서 씻고 밝은 눈으로 왔더라

할 수 있다! 외워서 써 보기 ✏️

말씀 익히기 예수님이 시각장애인의 눈을 고쳐 주실 때 하신 행동이 있어요. 그 행동과 관련 있는 요소를 모두 찾아 ○표 하세요.(6절)

① 땀　　② 침　　③ 슬라임

④ 진흙　　⑤ 밀가루　　⑥ 우유

세상의 빛으로 오신 예수님이 시각장애인의 눈을 뜨게 해 주셨으니 감사해요. 저도 어둠 속에 갇힌 사람에게 예수님의 빛을 전할 수 있도록 인도해 주세요.
예수님의 이름으로 기도합니다. 아멘.

천국을 소망하게 하셨어요

44 천국은 마치 밭에 감추인 보화와 같으니 사람이 이를 발견한 후 숨겨 두고 기

뻐하며 돌아가서 자기의 소유를 다 팔아 그 밭을 사느니라

45 또 천국은 마치 좋은 진주를 구하는 장사와 같으니

46 극히 값진 진주 하나를 발견하매 가서 자기의 소유를 다 팔아 그 진주를 사느

니라

궁금해요

• 소유: 가지고 있음. 또는 그 물건.
• 극히: 더할 수 없을 정도로

어린이 사복음서 한 달 쓰기

참 잘했어요

년   월   일

bible text

예수님이 천국에 관한 비유를 들려주셨어요. 어떤 사람이 땅에 묻힌 엄청난 보물 상자를 발견했다면, 어떻게 할까요? 전 재산을 팔아 그 땅을 살 거예요. 천국은 내가 가진 모든 것을 걸고라도 꼭 얻고 싶은 보물과도 같은 곳이랍니다. 누구에게나 열려 있지만, 아무나 알아볼 수 없고, 또 아무나 들어갈 수 없는 곳이 천국이에요.

영어로 익히기

천국은 마치 밭에 감추인 보화와 같으니 사람이 이를 발견한 후 숨겨 두고 기뻐하며 돌아가서 자기의 소유를 다 팔아 그 밭을 사느니라

The <u>Kingdom of Heaven</u> is like a <u>treasure</u> that a man discovered hidden in a <u>field</u>. In his excitement, he hid it again and sold everything he owned to get enough money to buy the field.

마태복음 13:44

- Kingdom of Heaven: 천국
- treasure: 보화
- field: 밭

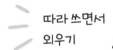

따라 쓰면서
외우기

천국은 마치 밭에 감추인 보화와 같으니 사람이 이를 발견한 후 숨겨 두고 기뻐하며 돌아가서 자기의 소유를 다 팔아 그 밭을 사느니라

어린이 사복음서 한 달 쓰기

할 수 있다! 외워서 써 보기

말씀 익히기

예수님이 천국에 관한 비유를 들려주셨어요. 천국은 마치 무엇과 같다고 하셨나요? 그래서 천국을 발견하면 어떤 행동을 하게 된다고 하셨나요? 다음 44절 말씀의 빈칸을 채워 보세요.

천국은 마치 밭에 감추인 ☐ ☐ 와 같으니 …

자기의 ☐ ☐ 를 다 팔아 그 밭을 사느니라

천국은 밭에 감춰진 보물과도 같다는 사실을 알게 해 주셔서 감사해요. 날마다 천국을 소망하며 말씀에 순종하며 살게 해 주세요.
예수님의 이름으로 기도합니다. 아멘.

DAY 17
마태복음
18:2-5

천국에서는 누가 큰 사람일까요?

2 예수께서 한 어린아이를 불러 그들 가운데 세우시고

3 이르시되 진실로 너희에게 이르노니 너희가 돌이켜 어린아이들과 같이 되지
   아니하면 결단코 천국에 들어가지 못하리라

4 그러므로 누구든지 이 어린아이와 같이 자기를 낮추는 사람이 천국에서 큰
   자니라

5 또 누구든지 내 이름으로 이런 어린아이 하나를 영접하면 곧 나를 영접함이니

궁금해요

- 돌이키다: 먹었던 마음을 바꾸어 달리 생각하다
- 결단코: 어떤 경우에도 절대로
- 영접하다: 다정하게 맞이하다

어린이 사복음서 한 달 쓰기

년   월   일

bible text

예수님의 제자들이 천국에서는 어떤 사람이 큰 자일까 궁금해했어요. 그러자 예수님이 한 어린아이를 불러 세우시고는 이렇게 말씀하셨어요. "스스로 잘난 척하지 않고, 어린아이처럼 겸손한 사람이야말로 천국에서 가장 위대한 사람이란다. 그러니 어린아이 같은 마음을 잃지 말아라. 또 어린아이를 다정하게 대하는 것은 곧 나를 다정하게 맞이해 주는 것과 같단다."

영어로 익히기

그러므로 누구든지 이 어린아이와 같이
자기를 낮추는 사람이 천국에서 큰 자니라

So anyone who becomes as <u>humble</u> as this little <u>child</u>
is the greatest in the Kingdom of Heaven.

마태복음 18:4

- humble: 낮추는
- child: 어린아이

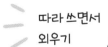

따라 쓰면서
외우기

그러므로 누구든지

이 어린아이와 같이 자기를 낮추는

사람이 천국에서 큰 자니라

할 수 있다! 외워서 써 보기 ✏️

_____

_____

예수님이 제자들에게 천국에 들어가려면 누구처럼 되어야 한다고 말씀 하셨나요? 다음 표에서 네 개의 글자를 찾아 ◯표 하세요.(3절)

자	아	결	박	고
시	진	예	우	단
수	낮	영	어	세
기	린	름	천	실
누	로	국	추	러
그	불	는	이	코

천국에서 누가 큰 사람인지 알려 주셔서 감사해요. 스스로 잘난 척하지 않고 어린아 이처럼 겸손한 사람이 되게 해 주세요. 예수님의 이름으로 기도합니다. 아멘.

돌아오는 사람이 구원을 받아요

21 아들이 이르되 아버지 내가 하늘과 아버지께 죄를 지었사오니 지금부터는 아버지의 아들이라 일컬음을 감당하지 못하겠나이다 하나

22 아버지는 종들에게 이르되 제일 좋은 옷을 내어다가 입히고 손에 가락지를 끼우고 발에 신을 신기라

23 그리고 살진 송아지를 끌어다가 잡으라 우리가 먹고 즐기자

24 이 내 아들은 죽었다가 다시 살아났으며 내가 잃었다가 다시 얻었노라 하니 그들이 즐거워하더라

궁금해요

- 일컬음을 감당하지 못하겠나이다: 감히 불릴 자격이 없습니다
- 살지다: 살이 많고 튼실하다

어린이 사복음서 한 달 쓰기

참 잘했어요

년   월   일

bible text

예수님이 아버지를 버리고 집을 나간 둘째 아들의 이야기를 들려주셨어요. 이 아들은 아버지가 물려주실 돈을 미리 달라고 하더니 먼 나라에 가서 흥청망청 다 써 버렸어요. 굶어 죽을 지경이 된 둘째 아들은 집으로 돌아가 아버지께 용서를 구하기로 마음먹었어요. 떨리는 마음으로 집으로 향했는데, 아버지가 멀리서 아들을 알아보고 달려와 끌어안으며 기뻐하였어요. 하나님은 하나님을 멀리 떠난 사람들이 돌아오기를 늘 기다리시는 분이에요.

영어로 익히기

이 내 아들은 죽었다가 다시 살아났으며 내가 잃었다가
다시 얻었노라 하니 그들이 즐거워하더라

for this son of mine was <u>dead</u> and has now <u>returned to life</u>.
He was lost, but now he is found.' So the party began.

누가복음 15:24

• dead: 죽은
• return to life : 다시 살아나다

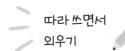

따라 쓰면서
외우기

이 내 아들은 죽었다가 다시 살아났으며
내가 잃었다가 다시 얻었노라 하니
그들이 즐거워하더라

어린이 사복음서 한 달 쓰기

할 수 있다! 외워서 써 보기 ✏️

말씀 익히기   다음 질문에 알맞은 답을 [보기]에서 찾아 각각 써 보세요.

둘째 아들이 돌아오자 아버지가 종들에게 어떤 옷을 입히라고 지시했나요(22절)?

_____

아버지는 집을 나갔다가 돌아온 둘째 아들을 위해 잔치를 베풀기로 했어요.
잔치를 위해 어떤 짐승을 잡으라고 했나요(23절)?

_____

보기   송아지   제일 좋은 옷   돼지   잠옷

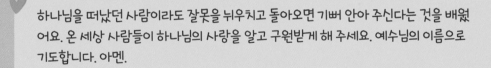

하나님을 떠났던 사람이라도 잘못을 뉘우치고 돌아오면 기뻐 안아 주신다는 것을 배웠
어요. 온 세상 사람들이 하나님의 사랑을 알고 구원받게 해 주세요. 예수님의 이름으로
기도합니다. 아멘.

죄를 고백하는 사람이 구원을 받아요

7 뭇 사람이 보고 수군거려 이르되 저가 죄인의 집에 유하러 들어갔도다 하더라

8 삭개오가 서서 주께 여짜오되 주여 보시옵소서 내 소유의 절반을 가난한 자들에게 주겠사오며 만일 누구의 것을 속여 빼앗은 일이 있으면 네 갑절이나 갚겠나이다

9 예수께서 이르시되 오늘 구원이 이 집에 이르렀으니 이 사람도 아브라함의 자손임이로다

10 인자가 온 것은 잃어버린 자를 찾아 구원하려 함이니라

궁금해요

- 뭇 사람: 매우 많은 사람
- 유하다: 어떤 곳에 머물러 지내다
- 네 갑절: 네 배
- 인자: 사람이 되어 이 땅에 오신 하나님의 아들, 예수님을 가리킴

년   월   일

bible text

삭개오는 이스라엘 백성에게서 세금을 거두어 로마 정부에 바치는 '세리'였어요. 원래 세금보다 더 많이 거둬서 남은 돈으로 부자가 되었기 때문에 이스라엘 백성들은 삭개오를 미워했어요. 그런데 예수님이 바로 그 삭개오의 집을 방문하겠다고 하시니 사람들이 얼마나 놀랐겠어요? 삭개오는 예수님께 자기 잘못을 고백하고, 빼앗은 것은 네 배로 갚아 주겠다고 했어요. 그러자 예수님이 "오늘 구원이 이 집에 이르렀다"고 말씀해 주셨어요.

영어로 익히기

예수께서 이르시되 오늘 구원이 이 집에 이르렀으니
이 사람도 아브라함의 자손임이로다

Jesus responded, "Salvation has come to this home today, for this
man has shown himself to be a true son of Abraham.

누가복음 19:9

• salvation: 구원

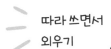
따라 쓰면서
외우기

예수께서 이르시되 오늘 구원이

이 집에 이르렀으니 이 사람도

아브라함의 자손임이로다

할 수 있다! 외워서 써 보기 ✏️

말씀 익히기   본문에 나오는 삭개오에 관한 다음 설명 중 틀린 내용은 무엇인가요?

(   )

① 많은 사람이 삭개오를 죄인이라고 수군거렸어요 (7절).

② 삭개오는 빼앗은 것을 세 배로 갚아 주겠다고 했어요 (8절).

③ 예수님이 삭개오를 구원해 주셨어요 (9절).

④ 예수님이 오신 이유는 사람을 구원하기 위해서예요 (10절).

아무도 사랑하지 않았던 삭개오가 죄를 고백하고 구원받아 삶이 변했던 것처럼 저도 예수님께 숨김없이 고백하고 사랑받는 하나님의 자녀로 살게 해 주세요. 예수님의 이름으로 기도합니다. 아멘.

죽은 나사로를 살리셨어요

23 예수께서 이르시되 네 오라비가 다시 살아나리라

24 마르다가 이르되 마지막 날 부활 때에는 다시 살아날 줄을 내가 아나이다

25 예수께서 이르시되 나는 부활이요 생명이니 나를 믿는 자는 죽어도 살겠고

26 무릇 살아서 나를 믿는 자는 영원히 죽지 아니하리니 이것을 네가 믿느냐

27 이르되 주여 그러하외다 주는 그리스도시요 세상에 오시는 하나님의 아들이
신 줄 내가 믿나이다

궁금해요

- 오라비: 오빠
- 무릇: 대체로 헤아려 생각해 보면
- 그러하외다: 그렇습니다

말씀 따라 쓰기

참 잘했어요

년 월 일

예수님을 사랑하는 세 남매, 오빠 나사로와 여동생 마르다와 마리아가 있었어요. 어느 날 나사로가 병이 들어 죽게 되자 마르다와 마리아가 급히 예수님께 연락드렸어요. 그런데 예수님은 나사로가 무덤에 묻힌 지 4일이나 지난 뒤에 집에 도착하셨어요. 예수님은 슬퍼하는 마르다에게 말씀하셨어요. "나는 부활이고 생명이다. 나를 믿는 자는 죽어도 살 것이다. 이것을 너희가 믿느냐?"

영어로 익히기

예수께서 이르시되 나는 부활이요 생명이니
나를 믿는 자는 죽어도 살겠고

Jesus told her, "I am the <u>resurrection</u> and the <u>life</u>.
Anyone who believes in me will live, even after dying.

요한복음 11:25

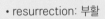

- resurrection: 부활
- life: 생명

따라 쓰면서
외우기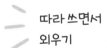

예수께서 이르시되 나는 부활이요

생명이니 나를 믿는 자는 죽어도 살겠고

말씀 익히기　　아래 [보기]에서 알맞은 답을 찾아 빈칸을 채워 보세요.

🎵

예수께서 이르시되

나는 ○○이요 ○○이니

나를 믿는 자는 죽어도 살겠고 (요 11:25)

보기　　소망　빛　부활　영생　아들　생명

부활이요 생명이신 예수님이 죽은 나사로를 살려 주셨어요. 예수님은 죽음을 이기는 힘을 가지고 계심을 믿어요. 예수님의 이름으로 기도합니다. 아멘.

예수님은 길이요 진리요 생명이에요

4 내가 어디로 가는지 그 길을 너희가 아느니라

5 도마가 이르되 주여 주께서 어디로 가시는지 우리가 알지 못하거늘 그 길을

어찌 알겠사옵나이까

6 예수께서 이르시되 내가 곧 길이요 진리요 생명이니 나로 말미암지 않고는

아버지께로 올 자가 없느니라

7 너희가 나를 알았더라면 내 아버지도 알았으리로다 이제부터는 너희가 그를

알았고 또 보았느니라

궁금해요

- 어찌: 어떻게
- 진리: 참되고 옳은 것, 하나님의 말씀
- 말미암지 않고는: 통하지 않고는

참 잘했어요

년   월   일

bible text

제자들은 예수님과 3년이나 함께 지냈지만, 예수님이 무엇을 위해 이 땅에 오셨는지는 잘 알지 못했어요. 마지막 만찬 자리에서 예수님이 지금껏 걸어오신 구원의 길에 관해 말씀하셨지만, 아무도 못 알아들었어요. 예수님은 사람이 구원을 받아 하나님 아버지께로 돌아갈 수 있는 유일한 길은 오직 예수님뿐임을 말씀해 주셨답니다.

영어로 익히기

예수께서 이르시되 내가 곧 길이요 진리요 생명이니
나로 말미암지 않고는 아버지께로 올 자가 없느니라

Jesus told him, "I am the way, the truth, and the life.
No one can come to the Father except through me.

요한복음 14:6

- way: 길
- truth: 진리

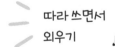

따라 쓰면서
외우기

예수께서 이르시되 내가 곧 길이요

진리요 생명이니 나로 말미암지 않고는

아버지께로 올 자가 없느니라

할 수 있다! 외워서 써 보기 ✏️

_____

_____

  가로세로 퍼즐을 맞춰 요한복음 14장 4-구절 말씀을 완성해 보세요.

가로 열쇠

1. 길이요 진리요 ㅅㅁㅇㄴ(6절)

2. 내 ㅇㅂㅈㄷ 알았으리로다(7절)

3. 주께서 어디로 가시는지 ㅇㄹ가 알지
   못하거늘(5절)

세로 열쇠

1. 예수께서 이르시되 내가 곧 ㄱㅇㅇ(6절)

2. ㄷㅁ가 이르되 주여 주께서 어디로
   가시는지(5절)

3. 내가 곧 길이요 ㅈㄹ요 생명이니(6절)

오직 예수님을 통해서만 구원받고 영원한 생명을 얻을 수 있음을 알게 해 주셔서 감사해요.
다른 길을 따라가지 않고 오직 예수님만 따르게 해 주세요. 예수님의 이름으로 기도합니다. 아멘.

예수님은 참포도나무예요

1 나는 참포도나무요 내 아버지는 농부라

2 무릇 내게 붙어 있어 열매를 맺지 아니하는 가지는 아버지께서 그것을 제거해 버리시고 무릇 열매를 맺는 가지는 더 열매를 맺게 하려 하여 그것을 깨끗하게 하시느니라

3 너희는 내가 일러 준 말로 이미 깨끗하여졌으니

4 내 안에 거하라 나도 너희 안에 거하리라 가지가 포도나무에 붙어 있지 아니하면 스스로 열매를 맺을 수 없음 같이 너희도 내 안에 있지 아니하면 그러하리라

5 나는 포도나무요 너희는 가지라 그가 내 안에, 내가 그 안에 거하면 사람이 열매를 많이 맺나니 나를 떠나서는 너희가 아무것도 할 수 없음이라

궁금해요

- 일러 주다: 미리 알려 주다
- 내 안에 거하라: 내 안에 머물러 있으라

년   월   일

_____

_____

_____

_____

_____

_____

_____

_____

_____

_____

_____

bible text

예수님은 제자들에게 관계의 중요성에 관해 비유로 가르쳐 주셨어요. 예수님이 포도나무라면 하나님 아버지는 그 나무를 키우고 보호하시는 농부예요. 제자들은 나뭇가지와 같으니 열매를 맺으려면 포도나무에 잘 붙어 있어야 해요. 친한 친구처럼 예수님과 늘 동행하면 자연스럽게 하나님 아버지께서 기뻐하시는 열매를 많이 맺게 될 거예요.

영어로 익히기

나는 포도나무요 너희는 가지라 그가 내 안에,
내가 그 안에 거하면 사람이 열매를 많이 맺나니
나를 떠나서는 너희가 아무것도 할 수 없음이라

Yes, I am the <u>vine</u>; you are the <u>branches</u>. Those who <u>remain</u> in me,
and I in them, will produce much fruit. For apart from
me you can do nothing.

요한복음 15:5

- vine: 포도나무
- branch: 가지
- remain: 거하다

따라 쓰면서
외우기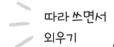

나는 포도나무요 너희는 가지라
그가 내 안에, 내가 그 안에 거하면 사람이
열매를 많이 맺나니 나를 떠나서는
너희가 아무것도 할 수 없음이라

어린이 사복음서 한 달 쓰기

할 수 있다! 외워서 써 보기 ✏️

말씀 익히기   다음은 본문에 대한 설명이에요.
빈칸에 알맞은 말을 [보기]에서 찾아 써 보세요.

🎵

예수님은 ＿＿＿＿＿＿요 하나님 아버지는
＿＿＿＿＿＿예요. 제자들은 가지와 같은데, 가지가
열매를 맺으려면 나무인 예수님께 붙어 있어야
해요. 그러면 ＿＿＿＿＿＿를 많이 맺을 수 있어요.

보기   참포도나무   열매   농부

가지가 열매를 맺으려면 나무에 붙어 있어야 하듯이 저도 예수님께 꼭 붙어 있게 해
주세요. 그래서 아름다운 열매를 맺고 날마다 예수님을 닮아 가게 해 주세요.
예수님의 이름으로 기도합니다. 아멘.

사람들이 예수님께 호산나를 외쳤어요

7 나귀 새끼를 예수께로 끌고 와서 자기들의 겉옷을 그 위에 얹어 놓으매 예수께서 타시니

8 많은 사람들은 자기들의 겉옷을, 또 다른 이들은 들에서 벤 나뭇가지를 길에 펴며

9 앞에서 가고 뒤에서 따르는 자들이 소리 지르되 호산나 찬송하리로다 주의 이름으로 오시는 이여

10 찬송하리로다 오는 우리 조상 다윗의 나라여 가장 높은 곳에서 호산나 하더라

궁금해요

• 호산나: "이제 우리를 구원해 주세요"라는 뜻의 이스라엘 말

년   월   일

bible text

이스라엘의 큰 명절, 유월절이 다가오고 있어요. 이번 유월절에는 예수님이 예루살렘 성에서 특별한 일을 행하실 거예요. 예수님이 나귀 새끼를 타고 예루살렘 성으로 들어가시는데, 많은 사람이 자기 겉옷을 벗어서 예수님이 가시는 길에 펼쳐 놓았어요. 왕에 대한 충성심을 보여 주는 행동이에요. 그들은 예수님을 에워싸며 "호산나"를 외쳤어요.

영어로 익히기

찬송하리로다 오는 우리 조상 다윗의 나라여
가장 높은 곳에서 호산나 하더라
Blessings on the coming Kingdom of our ancestor
David! Praise God in highest heaven!

마가복음 11:10

- blessings on: 찬송하다
- ancestor: 조상

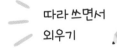

따라 쓰면서
외우기

찬송하리로다 오는 우리 조상
다윗의 나라여 가장 높은 곳에서
호산나 하더라

할 수 있다! 외워서 써 보기 ✏️

유월절에 예수님이 나귀 새끼를 타고 예루살렘 성으로 들어오셨어요.
그때 사람들이 한 행동들이 있어요.
다음 중 맞는 것에는 ○표, 아닌 것에는 ×표를 해 보세요.

☐ "호산나 찬송하리로다"를 외치며 주님을 찬송했어요 9절

☐ 나귀 새끼를 타고 오시는 예수님을 보며 서로 수군거렸어요 7절

☐ 자기들의 겉옷을 벗어서 예수님이 가시는 길에 펼쳐 놓았어요
8절

나귀 새끼를 타고 예루살렘 성으로 들어오신 겸손하신 예수님을 찬양해요. 하나님이
약속하신 우리 왕, 예수님을 늘 환영하게 해 주세요. 예수님의 이름으로 기도합니다. 아멘.

한 여인이 예수님의 죽음을 미리 기념했어요

3 예수께서 베다니 나병 환자 시몬의 집에서 식사하실 때에 한 여자가 매우 값진 향유 곧 순전한 나드 한 옥합을 가지고 와서 그 옥합을 깨뜨려 예수의 머리에 부으니

6 예수께서 이르시되 가만두라 너희가 어찌하여 그를 괴롭게 하느냐 그가 내게 좋은 일을 하였느니라

7 가난한 자들은 항상 너희와 함께 있으니 아무 때라도 원하는 대로 도울 수 있거니와 나는 너희와 항상 함께 있지 아니하리라

8 그는 힘을 다하여 내 몸에 향유를 부어 내 장례를 미리 준비하였느니라

궁금해요

- 나병 환자: 한센병에 걸린 사람
- 향유: 향기로운 냄새가 나는 기름, 주로 머리치장에 쓰임
- 순전하다: 순수하고 완전하다
- 나드: 주로 히말라야산맥에서 자라는 풀로 고급 향수의 재료로 쓰였음
- 옥합: 귀한 것을 담기 위해 만든, 뚜껑이 있는 작은 그릇
- 장례: 죽은 사람을 땅에 묻거나 화장하는 일 또는 그런 예식

말씀 따라 쓰기

참 잘했어요

년 월 일

말씀 배경 알아보기

예수님이 베다니 시몬의 집에서 식사하실 때, 초대받지 않은 여인이 불쑥 찾아왔어요. 그 여인은 아주 비싼 향수병을 깨뜨려 예수님의 머리와 발에 다 부었어요. 사람들이 왜 비싼 향수를 낭비하느냐고 화를 냈지만, 예수님은 그들을 꾸짖으시며 그 여인이 오히려 좋은 일을 했다고 말씀하셨어요. 곧 십자가에 매달려 돌아가시게 될 예수님께 미리 감사하며 사랑을 표현한 것이기 때문이에요.

영어로 익히기

그는 힘을 다하여 내 몸에 향유를 부어
내 장례를 미리 준비하였느니라
She has done what she could and has anointed
my body for burial ahead of time.

마가복음 14:8

• anoint: 향유를 붓다
• burial: 장례

 따라 쓰면서
외우기

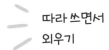

그는 힘을 다하여
내 몸에 향유를 부어
내 장례를 미리 준비하였느니라

할 수 있다! 외워서 써 보기 ✏️

말씀 익히기   본문을 읽고 서로 연결되는 말씀을 찾아 선을 그어 보세요.

너희가 어찌하여 그를 괴롭게 하느냐 (6절)	그가 내게 좋은 일을 하였느니라
그는 힘을 다하여 내 몸에 향유를 부어 (8절)	예수의 머리에 부으니
그 옥합을 깨뜨려 (3절)	내 장례를 미리 준비하였느니라

아주 귀한 향수병을 깨뜨려 예수님의 발에 부은 여인처럼 저도 가장 소중한 것을 예수님께 드리게 해 주세요. 예수님의 이름으로 기도합니다. 아멘.

DAY 25

마가복음

14:22-25

예수님이 제자들과 마지막 식사를 하셨어요

22 그들이 먹을 때에 예수께서 떡을 가지사 축복하시고 떼어 제자들에게 주시며

이르시되 받으라 이것은 내 몸이니라 하시고

23 또 잔을 가지사 감사 기도하시고 그들에게 주시니 다 이를 마시매

24 이르시되 이것은 많은 사람을 위하여 흘리는 나의 피 곧 언약의 피니라

25 진실로 너희에게 이르노니 내가 포도나무에서 난 것을 하나님 나라에서 새것

으로 마시는 날까지 다시 마시지 아니하리라 하시니라

궁금해요

- 언약: 말로 한 약속
- 진실로: 거짓 없이 참되게

어린이 사복음서 한 달 쓰기

말씀 따라 쓰기

참 잘했어요

년　　월　　일

bible text

말씀 배경 알아보기

예수님과 제자들이 마가의 다락방에 모여 유월절을 기념하는 식사를 했어요. 제자들은 이 것이 마지막 만찬인 줄 몰랐어요. 예수님이 떡과 포도주를 들고 축복하시고 제자들에게 나누어 주며 말씀하셨어요. "이 떡은 내 몸이고, 이 포도주는 내 피다." 곧 십자가에 매달려 고통당하게 되실 것을 미리 말씀하신 거랍니다. 예수님은 우리를 구원하기 위해 십자가에 서 언약의 피를 흘리실 거예요.

영어로 익히기

이르시되 이것은 많은 사람을 위하여 흘리는
나의 피 곧 언약의 피니라

And he said to them, "This is my blood, which confirms the covenant between God and his people. It is poured out as a sacrifice for many.

마가복음 14:24

- blood: 피
- covenant: 언약
- sacrifice: 희생물

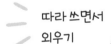

따라 쓰면서
외우기

이르시되 이것은 많은 사람을 위하여
흘리는 나의 피 곧 언약의 피니라

어린이 사복음서 한 달 쓰기

할 수 있다! 외워서 써 보기 ✏️

말씀 익히기

예수님과 제자들이 마지막 저녁 식사를 하셨어요. 그때 예수님이 무엇을 들고 축복하신 후에 제자들에게 나누어 주셨나요? 알맞은 물건을 모두 찾아 ○ 표 하세요(힌트: 22, 23절).

① 주스

② 밥

③ 과자

④ 떡

⑤ 밀가루

⑥ 포도주

예수님이 제자들에게 나눠 주신 떡과 포도주를 기념하는 성찬식에 참여하며 저도 예수님의 구원을 늘 기억하게 해 주세요. 예수님의 이름으로 기도합니다. 아멘.

예수님은 하나님의 뜻에 따르기로 했어요

39 예수께서 나가사 습관을 따라 감람산에 가시매 제자들도 따라갔더니

40 그곳에 이르러 그들에게 이르시되 유혹에 빠지지 않게 기도하라 하시고

41 그들을 떠나 돌 던질 만큼 가서 무릎을 꿇고 기도하여

42 이르시되 아버지여 만일 아버지의 뜻이거든 이 잔을 내게서 옮기시옵소서 그러나 내 <u>원대로</u> 마시옵고 아버지의 원대로 되기를 원하나이다 하시니

43 천사가 하늘로부터 예수께 나타나 <u>힘을 더하더라</u>

 궁금해요

• 원대로: 바라는 대로
• 힘을 더하다: 힘내게 도와주다

참 잘했어요

년   월   일

bible text

예수님은 십자가를 지기 전에 마지막으로 감람산에 기도하러 올라가셨어요. 제자들은 피곤해서 금세 곯아떨어졌지요. 예수님은 혼자 기도하면서 하나님 아버지의 계획을 이루지 못하게 막는 유혹과 맞서 싸우셨어요. 결국 예수님은 아버지의 뜻을 따르기로 하셨어요. 그러자 천사가 나타나 예수님을 도왔답니다. 예수님은 우리의 모든 죄를 짊어지고 십자가에서 죽으실 거예요.

영어로 익히기

이르시되 아버지여 만일 아버지의 뜻이거든
이 잔을 내게서 옮기시옵소서 그러나 내 원대로 마시옵고
아버지의 원대로 되기를 원하나이다 하시니

Father, if you are willing, please take this cup of suffering
away from me. Yet I want your will to be done, not <u>mine</u>.

누가복음 22:42

• mine: 내 것, 여기서는 예수님
  의 뜻(원)을 가리킴.

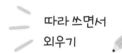
따라 쓰면서
외우기

이르시되 아버지여 만일 아버지의 뜻이거든
이 잔을 내게서 옮기시옵소서 그러나
내 원대로 마시옵고 아버지의 원대로
되기를 원하나이다 하시니

할 수 있다! 외워서 써 보기 ✏️

말씀 익히기

예수님은 십자가를 지기 전에 먼저 감람산에 올라가 기도하셨어요.
예수님이 하나님 아버지께 간절히 기도한 내용이 무엇이었나요?
빈칸을 채워 보세요(42절).

아버지여 만일 아버지의 ☐ 이거든

이 ☐ 을 내게서 옮기시옵소서

그러나 내 ☐ 대로 마시옵고

아버지의 ☐ 대로 되기를 원하나이다

무섭고 두려울 수도 있는데, 하나님 아버지의 뜻에 순종하기로 하신 예수님께
감사드려요. 저도 제 뜻과 다르더라도 하나님의 뜻에 순종할 수 있게 도와주세요.
예수님의 이름으로 기도합니다. 아멘.

예수님은 우리 왕이에요

16 이에 예수를 십자가에 못 박도록 그들에게 넘겨 주니라

17 그들이 예수를 맡으매 예수께서 자기의 십자가를 지시고 해골(히브리 말로 골고다)이라 하는 곳에 나가시니

18 그들이 거기서 예수를 십자가에 못 박을새 다른 두 사람도 그와 함께 좌우편에 못 박으니 예수는 가운데 있더라

19 빌라도가 패를 써서 십자가 위에 붙이니 나사렛 예수 유대인의 왕이라 기록되었더라

궁금해요

- 히브리 말: 이스라엘 민족(유대인)이 사용하는 말
- 좌우편: 왼쪽과 오른쪽을 아울러 이르는 말
- 패: 무엇을 알리기 위해 그림이나 글씨를 새긴 나무 또는 쇠붙이 조각

어린이 사복음서 한 달 쓰기

년 월 일

bible text

말씀 배경 알아보기

예수님은 감람산에서 체포되셨어요. 예수님께 "호산나"를 외치며 환호하던 백성들이 이제
는 예수님을 십자가에 못 박으라고 외쳤어요. 로마 총독 빌라도는 예수님을 풀어 주려고
했지만, 백성들이 고집스럽게 십자가를 외치니 할 수 없이 십자가 처형을 명령했어요. 빌
라도가 예수님의 십자가 위에 "나사렛 예수, 유대인의 왕"이라는 이름표를 붙이게 했어요.

영어로 익히기

빌라도가 패를 써서 십자가 위에 붙이니
나사렛 예수 유대인의 왕이라 기록되었더라

And Pilate posted a <u>sign</u> on the cross that read,

"Jesus of Nazareth, the <u>King of the Jews</u>.

요한복음 19:19

- sign: 패
- King of the Jews: 유대인의 왕

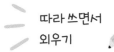

따라 쓰면서
외우기

빌라도가 패를 써서
십자가 위에 붙이니 나사렛 예수
유대인의 왕이라 기록되었더라

할 수 있다! 외워서 써 보기 ✏️

로마 총독 빌라도는 예수님을 풀어 주려고 했지만, 결국 이스라엘 백성들의
요구대로 사형을 선고했어요. 빌라도가 예수님께 내린 처형 방법은
무엇이었나요? 다음 표에서 세 개의 글자를 찾아보세요.(16절)

두	선	도	해	라
민	십	숙	고	패
사	람	박	좌	주
자	맡	못	골	으
시	예	지	남	수
편	빌	정	우	가

우리를 죄에서 구원하시려고 고난받고 십자가에 못 박히신 예수님, 감사해요. 그 사랑을
늘 기억하며 살게 해 주세요. 예수님의 이름으로 기도합니다. 아멘.

예수님은 막힌 담을 허무셨어요

37 예수께서 큰 소리를 지르시고 숨지시니라

38 이에 성소 휘장이 위로부터 아래까지 찢어져 둘이 되니라

39 예수를 향하여 섰던 백부장이 그렇게 숨지심을 보고 이르되 이 사람은 진실로
    하나님의 아들이었도다 하더라

40 멀리서 바라보는 여자들도 있었는데 그중에 막달라 마리아와 또 작은 야고보
    와 요세의 어머니 마리아와 또 살로메가 있었으니

궁금해요

- 성소: 구약 시대에 제사장이 하나님께 제사를 지내던 곳
- 휘장: 성소에서 지성소로 들어가는 입구를 가린 긴 천
- 백부장: 100명의 군사를 거느리는 로마의 지휘관

참 잘했어요

년   월   일

bible text

예수님이 십자가에 매달린 채 돌아가셨어요. 그러자 성소 휘장이 위에서 아래로 쭉 찢어져 지성소가 열렸어요. 사형을 집행하던 로마 백부장은 "이 사람은 진실로 하나님의 아들이었다"라고 고백했어요. 예수님의 어머니 마리아와 여인들이 멀리서 이를 지켜보았어요.

영어로 익히기

이에 성소 휘장이 위로부터 아래까지 찢어져 둘이 되니라

And the 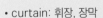curtain in the sanctuary of the Temple was torn in two,

from top to bottom.

마가복음 15:38

• curtain: 휘장, 장막

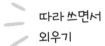 따라 쓰면서
외우기

이에 성소 휘장이 위로부터 아래까지
찢어져 둘이 되니라

할 수 있다! 외워서 써 보기 ✏️

말씀 익히기 다음 질문에 알맞은 답을 [보기]에서 찾아 각각 써 보세요.

🎵

예수님이 십자가에 매달린 채 돌아가셨어요. 그러자 무엇이 위에서 아래로
찢어졌나요(38절)?

_____

숨을 거두신 예수님 옆에서 "이 사람은 진실로 하나님의 아들이었도다"라고 말한
사람은 누구였나요(39절)?

_____

보기   커튼   백부장   성소 휘장   빌라도

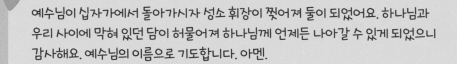

예수님이 십자가에서 돌아가시자 성소 휘장이 찢어져 둘이 되었어요. 하나님과
우리 사이에 막혀 있던 담이 허물어져 하나님께 언제든 나아갈 수 있게 되었으니
감사해요. 예수님의 이름으로 기도합니다. 아멘.

123

예수님이 사흘 만에 다시 살아나셨어요

5 여자들이 두려워 얼굴을 땅에 대니 두 사람이 이르되 어찌하여 살아 있는 자를 죽은 자 가운데서 찾느냐

6 여기 계시지 않고 살아나셨느니라 갈릴리에 계실 때에 너희에게 어떻게 말씀하셨는지를 기억하라

7 이르시기를 인자가 죄인의 손에 넘겨져 십자가에 못 박히고 제삼 일에 다시 살아나야 하리라 하셨느니라 한대

8 그들이 예수의 말씀을 기억하고

9 무덤에서 돌아가 이 모든 것을 열한 사도와 다른 모든 이에게 알리니

궁금해요

- 죄인: 죄를 지은 사람
- 제삼 일: 셋째 날

년   월   일

예수님이 돌아가신 지 3일 만에 막달라 마리아와 다른 여자들이 예수님의 무덤을 찾아갔는데, 무덤이 비어 있는 것을 보고 깜짝 놀랐어요. 그때 두 천사가 나타나 예수님이 다시 살아나셨다고 알려 주었어요. 여자들은 그때서야 예수님의 말씀을 기억하고, 예수님의 제자들에게 달려가 기쁜 소식을 전했답니다.

영어로 익히기

이르시기를 인자가 죄인의 손에 넘겨져 십자가에 못 박히고
제삼 일에 다시 살아나야 하리라 하셨느니라 한대

that the Son of Man must be <u>betrayed</u> into the hands of sinful men and
be <u>crucified</u>, and that he would rise again on the third day.

누가복음 24:7

• betrayed: 넘겨져
• crucified: 십자가에 못 박히고

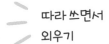 따라 쓰면서
외우기

이르시기를 인자가 죄인의 손에 넘겨져
십자가에 못 박히고 제삼 일에 다시
살아나야 하리라 하셨느니라 한대

할 수 있다! 외워서 써 보기 ✏️

예수님이 돌아가시고 3일이 지났어요. 그 후 일어난 본문 내용 중 틀린 것
은 무엇인가요? (   )

① 베드로가 예수님의 빈 무덤을 보고 두려워했어요 (5절).

② 깜짝 놀란 여자들에게 두 사람이 나타나
예수님의 부활을 알려 주었어요 (5, 6절).

③ 두 사람의 이야기를 들은 여자들이 예수님의 말씀을 기억했어요 (8절).

④ 여자들은 제자들에게 달려가 예수님이 부활하신 사실을 전했어요 (9절).

예수님이 무덤에서 다시 살아나신 것을 믿어요. 예수님이 십자가 죽음을 이기고 다시
살아나셨다는 사실을 친구들에게 전할 수 있도록 도와주세요.
예수님의 이름으로 기도합니다. 아멘.

예수님이 성령을 받으라고 말씀하셨어요

20 이 말씀을 하시고 손과 옆구리를 보이시니 제자들이 주를 보고 기뻐하더라

21 예수께서 또 이르시되 너희에게 평강이 있을지어다 아버지께서 나를 보내신 것같이 나도 너희를 보내노라

22 이 말씀을 하시고 그들을 향하사 숨을 내쉬며 이르시되 성령을 받으라

23 너희가 누구의 죄든지 사하면 사하여질 것이요 누구의 죄든지 그대로 두면 그대로 있으리라 하시니라

궁금해요

- 향하사: 향하여
- 사하여질: 용서될

어린이 사복음서 한 달 쓰기

참 잘했어요

년 월 일

bible text

제자들은 예수님이 살아나셨다는 소식을 전해 들었지만 믿기지 않았어요. 예수님을 찾아보고 싶었지만, 사람들에게 붙잡힐까 봐 두려워 문을 꼭 닫고 숨어 있었어요. 그런데 갑자기 예수님이 그들 가운데 나타나셨답니다. 십자가에 못 박혔던 손과 찢긴 옆구리를 보여 주시니 제자들이 기뻐했어요. 예수님은 자신이 구원을 위해 세상에 보내지셨던 것처럼 그들도 구원을 위해 세상에 보내겠다고 말씀하며 성령을 받으라고 하셨어요.

영어로 익히기

이 말씀을 하시고 그들을 향하사 숨을 내쉬며 이르시되
성령을 받으라

Then he <u>breathed</u> on them and said, "Receive the <u>Holy Spirit</u>.

요한복음 20:22

- breathe: 숨을 내쉬다
- Holy Spirit: 성령

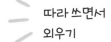
따라 쓰면서
외우기

이 말씀을 하시고 그들을 향하사
숨을 내쉬며 이르시되 성령을 받으라

할 수 있다! 외워서 써 보기 ✏️

말씀 익히기　　아래 [보기]에서 알맞은 답을 찾아 빈칸을 채워 보세요.

이 ○○을 하시고 그들을 향하사
숨을 내쉬며 이르시되
○○을 받으라 (요 20:22)

보기　　능력　행동　말씀　구원　평강　성령

십자가에서 부활하신 예수님을 찬양합니다. 우리에게 성령을 보내 주셔서 감사해요.
우리도 예수님처럼 구원을 전하며 살게 해 주세요.
예수님의 이름으로 기도합니다. 아멘.

예수님이 나를 증인으로 부르셨어요

46 또 이르시되 이같이 그리스도가 고난을 받고 제삼 일에 죽은 자 가운데서 살아

　날 것과

47 또 그의 이름으로 죄 사함을 받게 하는 회개가 예루살렘에서 시작하여 모든

　족속에게 전파될 것이 기록되었으니

48 너희는 이 모든 일의 증인이라

51 축복하실 때에 그들을 떠나 (하늘로 올려지시니)

 궁금해요

- 족속: 민족
- 증인: 목격자, 자기가 경험한 사실을 자세히 말하는 사람

참 잘했어요

년   월   일

bible text

며칠 후 제자들이 예루살렘에 다시 모여서 그동안 예수님을 목격했던 이야기를 나누는데, 예수님이 갑자기 나타나셨어요. 그들 앞에서 구운 생선 한 토막을 드시고는 성경 말씀을 깨닫도록 이야기를 들려주셨어요. 그리고 제자들이야말로 예수님의 십자가 부활의 증인 이라고 말씀하셨어요. 이것이 제자들과의 마지막 만남이었어요. 베다니 앞에서 그들에게 축복하시고는 하늘로 올라가셨거든요.

영어로 익히기

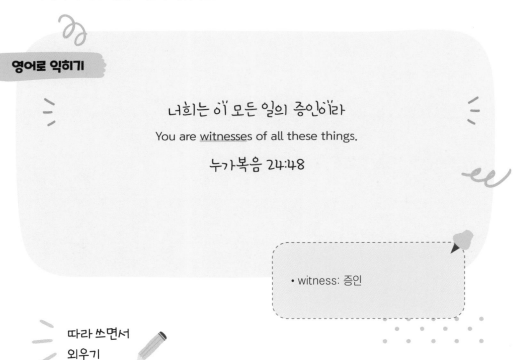

너희는 이 모든 일의 증인이라
You are <u>witnesses</u> of all these things.

누가복음 24:48

• witness: 증인

따라 쓰면서
외우기

너희는 이 모든 일의 증인이라

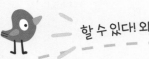

할 수 있다! 외워서 써 보기 ✏️

말씀 익히기

예수님의 증인으로 살려면 우리는 무엇을 해야 좋을까요?
가족과 함께 이야기를 나누어 본 뒤 아래에 적어 보세요.

집에서 ＿＿＿＿＿＿＿＿＿ 하겠어요.

학교에서 ＿＿＿＿＿＿＿＿＿ 할래요.

교회에서 ＿＿＿＿＿＿＿＿＿ 하겠어요.

온 세상의 구원자이신 예수님을 찬양합니다. 부활의 증인으로서 친구들에게 구원의
기쁜 소식을 전할 수 있게 도와주세요. 예수님의 이름으로 기도합니다. 아멘.

Day 01

마	리	아		
		들	다	윗
			스	
하	나	님	리	
	라		실	

Day 02

천사들이 목자들에게 나타나 다윗의 동네에 **구주**가 나셨고 이분은 **그리스도**라고 했어요.
의롭고 경건한 사람 시므온도 예수님을 이방을 비추는 **빛**이요
이스라엘의 영광이라고 찬송했어요.

Day 03

○ 별을 따라 유대인의 왕으로 태어난 아기를 찾아왔어요(2절)
○ 동방 박사들이 별을 보고 크게 기뻐했어요(10절)
✖ 아기 예수님께 아무 선물도 준비하지 않았어요(11절)

Day 04

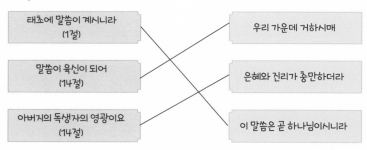

태초에 말씀이 계시니라 (1절) — 은혜와 진리가 충만하더라
말씀이 육신이 되어 (14절) — 이 말씀은 곧 하나님이시니라
아버지의 독생자의 영광이요 (14절) — 우리 가운데 거하시매

Day 05 ① 지혜, ⑤ 키

Day 06 하늘, 비둘기

Day 07

예	성	강	(로)	이
(떡)	사	돌	람	십
야	(으)	수	끌	들
리	요	들	일	모
광	령	단	(만)	마
시	귀	며	아	든

Day 08 어부, 사람을 낚는 어부

Day 09 3번

Day 10 기도, 하늘, 아버지

Day 11

	¹무		²그	²날
	엇		의	
¹입	을	까	나	
			라	
³염	려	³하	지	
	늘			

Day 12

예수님과 제자들이 탄 배가 바다 한가운데 있을 때, 큰 광풍이 일어 배가 심하게 흔들렸어요.

깜짝 놀란 제자들이 예수님을 깨우자 예수님이 바다에게 잠잠하라고 하셨어요.

그리고 제자들에게 왜 이렇게 무서워하고 믿음이 없느냐고 물으셨어요.

Day 13

○ 떡 두 개와 물고기 다섯 마리를 들고 하나님께 감사 기도를 드리셨어요(41절)

✖ 떡과 물고기를 예수님이 사람들에게 직접 나누어 주셨어요(41절)

○ 배불리 먹고 남은 떡과 물고기를 바구니에 담게 하셨어요(43절)

Day 14

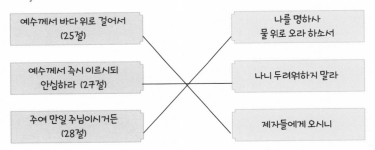

예수께서 바다 위로 걸어서 (25절)	나를 명하사 물 위로 오라 하소서
예수께서 즉시 이르시되 안심하라 (27절)	나니 두려워하지 말라
주여 만일 주님이시거든 (28절)	제자들에게 오시니

Day 15 ② 침, ④ 진흙	**Day 18** 제일 좋은 옷, 송아지
Day 16 보화, 소유	**Day 19** 2번
Day 17	**Day 20** 부활, 생명

자	아	결	박	고
시	진	예	우	단
수	낮	영	어	세
기	린	름	천	실
누	로	국	추	러
그	불	는	이	코

어린이 사복음서 한 달 쓰기

Day 21

		1 길			
1 생	명	이	니		3 진
		요		3 우	리
2 아	버	지	2 도		
			마		

Day 22

예수님은 **참포도나무**요 하나님 아버지는 **농부**예요. 제자들은 가지와 같은데, 가지가 열매를 맺으려면 나무인 예수님께 붙어 있어야 해요. 그러면 **열매**를 많이 맺을 수 있어요.

Day 23

○ "호산나 찬송하리로다"를 외치며 주님을 찬송했어요(9절)

✖ 나귀 새끼를 타고 오시는 예수님을 보며 서로 수군거렸어요(7절)

○ 자기들의 겉옷을 벗어서 예수님이 가시는 길에 펼쳐 놓았어요(8절)

Day 24

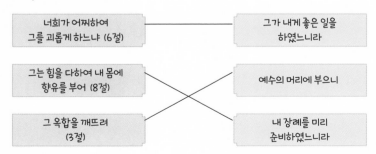

너희가 어찌하여 그를 괴롭게 하느냐 (6절)	그가 내게 좋은 일을 하였느니라
그는 힘을 다하여 내 몸에 향유를 부어 (8절)	예수의 머리에 부으니
그 옥합을 깨뜨려 (3절)	내 장례를 미리 준비하였느니라

Day 25　　④ 떡, ⑥ 포도주

Day 26　　뜻, 잔, 원, 원

Day 27

두	선	도	해	라
민	십	숙	고	패
사	람	박	좌	주
자	맡	못	골	으
시	예	지	남	수
편	빌	정	우	가

Day 28　　성소 휘장, 백부장

Day 29　　1번

Day 30　　말씀, 성령

어린이 사복음서 한 달 쓰기

칭찬 포도나무   하나님의 자녀 _____ 입니다.

Day 27
참 잘했어요

Day 26
참 잘했어요

Day 28
참 잘했어요

Day 01
참 잘했어요

Day 02
참 잘했어요

Day 03
참 잘했어요

Day 29
참 잘했어요

Day 04
참 잘했어요

Day 05
참 잘했어요

Day 06
참 잘했어요

Day 07
참 잘했어요

Day 08
참 잘했어요

Day 09
참 잘했어요

Day 10
참 잘했어요

Day 30
참 잘했어요

Day 12
참 잘했어요

Day 13
참 잘했어요

Day 14
참 잘했어요

Day 11
참 잘했어요

Day 16
참 잘했어요

Day 15
참 잘했어요

Day 17
참 잘했어요

Day 18
참 잘했어요

Day 19
참 잘했어요

Day 20
참 잘했어요

Day 21
참 잘했어요

Day 22
참 잘했어요

Day 24
참 잘했어요

Day 31
참 잘했어요

Day 23
참 잘했어요

Day 25
참 잘했어요

나는 포도나무요
너희는 가지라
그가 내 안에
내가 그 안에 거하면
사람이 열매를 많이 맺나니
나를 떠나서는
너희가
아무것도 할 수 없음이라
_요한복음 15장 5절

Day 01

보라 네가 잉태하여
아들을 낳으리니
그 이름을 예수라 하라

 누가복음 1:31

Day 02

이방을 비추는 빛이요
주의 백성 이스라엘의
영광이니이다 하니

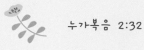 누가복음 2:32

Day 03

그들이 별을 보고
매우 크게 기뻐하고
기뻐하더라

 마태복음 2:10

Day 04

태초에 말씀이 계시니라
이 말씀이 하나님과 함께
계셨으니 이 말씀은
곧 하나님이시니라

 요한복음 1:1

Day 05

예수는 지혜와 키가 자라가며
하나님과 사람에게
더욱 사랑스러워 가시더라

 누가복음 2:52

Day 06

하늘로부터 소리가 있어
말씀하시되 이는
내 사랑하는 아들이요
내 기뻐하는 자라 하시니라

 마태복음 3:17

Day 07

예수께서 대답하시되
기록된 바 사람이 떡으로만
살 것이 아니라 하였느니라

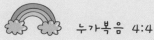 누가복음 4:4

Day 08

예수께서 이르시되
나를 따라오라
내가 너희로 사람을 낚는
어부가 되게 하리라 하시니

마가복음 1:17

 * 말씀 카드를 오려서 쓰세요

Day 09

예수께서 이르시되
딸아 네 믿음이
너를 구원하였으니
평안히 가라 하시더라

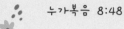 누가복음 8:48

Day 10

그러므로 너희는 이렇게
기도하라 하늘에 계신
우리 아버지여 이름이 거룩히
여김을 받으시오며

 마태복음 6:9

Day 11

그런즉 너희는 먼저 그의
나라와 그의 의를 구하라
그리하면 이 모든 것을
너희에게 더하시리라

마태복음 6:33

Day 12

이에 제자들에게 이르시되
어찌하여 이렇게
무서워하느냐 너희가 어찌
믿음이 없느냐 하시니

마가복음 4:40

Day 13

떡을 먹은 남자는
오천 명이었더라

마가복음 6:44

Day 14

밤 사경에 예수께서

바다 위로 걸어서

제자들에게 오시니

마태복음 14:25

Day 15

이르시되 실로암 못에 가서
씻으라 하시니[실로암은
번역하면 보냄을 받았다는
뜻이라]이에 가서 씻고
밝은 눈으로 왔더라

요한복음 9:7

Day 16

천국은 마치 밭에 감추인
보화와 같으니 사람이 이를
발견한 후 숨겨 두고
기뻐하며 돌아가서 자기의
소유를 다 팔아 그 밭을
사느니라 마태복음 13:44

Day 17

그러므로 누구든지
이 어린아이와 같이
자기를 낮추는 사람이
천국에서 큰 자니라
마태복음 18:4

Day 18

이 내 아들은 죽었다가
다시 살아났으며 내가
잃었다가 다시 얻었노라 하니
그들이 즐거워하더라
누가복음 15:24

Day 19

예수께서 이르시되 오늘
구원이 이 집에 이르렀으니
이 사람도 아브라함의
자손임이로다
누가복음 19:9

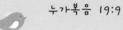

Day 20

예수께서 이르시되
나는 부활이요 생명이니
나를 믿는 자는
죽어도 살겠고
요한복음 11:25

Day 21

예수께서 이르시되
내가 곧 길이요 진리요 생명
이니 나로 말미암지 않고는
아버지께로 올 자가 없느니라
요한복음 14:6

Day 22

나는 포도나무요 너희는 가지라
그가 내 안에, 내가 그 안에
거하면 사람이 열매를 많이
맺나니 나를 떠나서는
너희가 아무것도 할 수
없음이라
요한복음 15:5

Day 23

찬송하리로다 오는 우리 조상
다윗의 나라여 가장 높은
곳에서 호산나 하더라
마가복음 11:10

Day 24

그는 힘을 다하여
내 몸에 향유를 부어
내 장례를 미리
준비하였느니라
마가복음 14:8

Day 25

이르시되 이것은 많은 사람을
위하여 흘리는 나의 피
곧 언약의 피니라

마가복음 14:24

Day 26

이르시되 아버지여 만일
아버지의 뜻이거든 이 잔을
내게서 옮기시옵소서 그러나
내 원대로 마시옵고 아버지의
원대로 되기를 원하나이다 하시니

누가복음 22:42

Day 27

빌라도가 패를 써서
십자가 위에 붙이니
나사렛 예수 유대인의 왕이라
기록되었더라

요한복음 19:19

Day 28

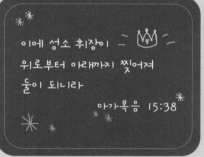

이에 성소 휘장이
위로부터 아래까지 찢어져
둘이 되니라

마가복음 15:38

Day 29

이르시기를 인자가 죄인의
손에 넘겨져 십자가에 못
박히고 제삼 일에 다시
살아나야 하리라
하셨느니라 한대

누가복음 24:7

Day 30

이 말씀을 하시고
그들을 향하사
숨을 내쉬며 이르시되
성령을 받으라

요한복음 20:22

Day 31

너희는 이 모든 일의
증인이라

누가복음 24:48

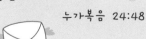